元自民党幹事長

加藤紘《こう》一《いち》の霊言

リベラル政治家が考える
〝日本の生きる道〟

Ryuho Okawa
大川隆法

まえがき

諸行《しょぎょう》は無常《むじょう》である。二十年前には、自民党幹事長として大きな権力を持っておられた加藤紘一《こういち》・元衆議院議員も、あの世に旅立《たびだ》たれた。

死後、三日目の本霊言《ほんれいげん》は、政治家として「最強最大のリベラル」ともいわれた加藤氏の生前の政治思想を要約しつつも、その奥にある、仏陀《ぶっだ》に帰依《きえ》した時代の政治思想を明らかにしている。この点、かなり異色《いしょく》の霊言集ともいえる。

平和を願い、戦争やテロの悲惨《ひさん》さを嘆《なげ》くのは、いつの時代も同じである。私とても、この世が平和で、人々が幸福に暮らし、地上での使命を果たして、無事《ぶじ》に天上界《てんじょうかい》に帰天《きてん》できることを常に願っている。

ただ人間は智《ち》に暗《くら》く、ともすれば、法律・政治・経済の領域で間違った仕組みをつくり、判断をしてしまうこともある。
だから世の流れに抗《こう》して、宗教家が勇気を持って言わねばならぬこともあると考えてもいる。

二〇一六年　九月二十日

幸福《こうふく》の科学《かがく》グループ創始者兼総裁《そうししゃけんそうさい》
幸福実現党創立者兼総裁《こうふくじつげんとうそうりつしゃけんそうさい》
大川隆法《おおかわりゅうほう》

元自民党幹事長　加藤紘一の霊言　目次

元自民党幹事長　加藤紘一《かとうこういち》の霊言《れいげん》

――リベラル政治家が考える〝日本の生きる道〟――

二〇一六年九月十二日　収録

東京都・幸福の科学　教祖殿《きょうそでん》　大悟館《たいごかん》にて

「霊言現象《れいげんげんしょう》」とは、あの世の霊存在の言葉を語り下ろす現象のことをいう。これは高度な悟《さと》りを開いた者に特有のものであり、「霊媒現象《れいばいげんしょう》」（トランス状態になって意識を失い、霊が一方的にしゃべる現象）とは異なる。

なお、「霊言」は、あくまでも霊人《れいじん》の意見であり、幸福の科学グループとしての見解と矛盾《むじゅん》する内容を含《ふく》む場合がある点、付記しておきたい。

元自民党幹事長　加藤紘一《かとうこういち》の霊言《れいげん》

――リベラル政治家が考える〝日本の生きる道〟――

二〇一六年九月十二日　収録

東京都・幸福の科学　教祖殿《きょうそでん》　大悟館《たいごかん》にて

加藤紘一《かとうこういち》（一九三九〜二〇一六）

政治家。山形県出身。元衆議院議員・加藤精三《せいぞう》の五男として生まれる。東京大学法学部卒業後、外務省に入省。在職中に台湾《たいわん》大学、ハーバード大学に留学する。一九七二年、父の地盤《じばん》を継《つ》ぎ、衆議院議員に初当選。防衛庁長官、官房長官《かんぼうちょうかん》、自民党幹事長等を歴任した。小泉純一郎《こいずみじゅんいちろう》、山崎拓《やまさきたく》と共に「YKK《ワイケーケー》」と称《しょう》され、一時は総理を嘱望《しょくぼう》されるほどの影響力《えいきょうりょく》を持った。

質問者　※質問順

綾織次郎《あやおりじろう》（幸福の科学常務理事 兼《けん》「ザ・リバティ」編集長 兼 HSU講師）

斎藤哲秀《さいとうてっしゅう》（幸福の科学編集系統括《とうかつ》担当専務理事
兼 HSU未来創造学部芸能・クリエーターコースソフト開発担当顧問《こもん》）

立木秀学《ついきしゅうがく》（幸福の科学理事 兼 HS政経塾《せいけいじゅく》塾長 兼 HSU講師）

［役職は収録時点のもの］

1　死後三日目の元自民党幹事長・加藤紘一《かとうこういち》氏を招霊《しょうれい》する

「首相候補」と言われながら、結局、首相になれなかった加藤紘一氏

大川隆法　元衆議院議員、自民党の加藤紘一《かとうこういち》さんが、九月九日に亡《な》くなられました。新聞の扱《あつか》い等もそう大きくはなく、すでに引退もなされているし、もう私どもに用はないだろうと思ってはいたのですけれども、やはり、昨日《きのう》の朝ぐらいから、（霊《れい》として）こちらに来ておられるようです。

以前、昭和のマドンナの原節子《はらせつこ》さんの霊が来たときには、引退してすでに四、五十年になっていたので、こちらも（収録を）〝逃《に》げ切れた〟のですが、そのほかで〝逃げ切れた〟ためしがありません。案《あん》の定《じょう》、今朝《けさ》もやはり、加藤紘一さんの霊が来ておられました。

私は今、英語の練習をしなければいけない時期なので、「お相手をするのもちょっとどうかな」と思っていたのですが、どうしてもいらっしゃるようなので、「お話を聞いたほうがよいのかな」と思っています。

加藤さんに対しては、一九九〇年代には、幸福の科学もけっこう応援《おうえん》などをしていたほうでした。三塚博《みつづかひろし》さんや加藤さんあたりは、首相候補ということで応援もしていたのですけれども、結局、〝届かなかった〟ところもあります。ただ、加藤さんは、宏池会《こうちかい》で、宮澤喜一《みやざわきいち》さんの後継者《こうけいしゃ》になっていた方です。

それで、いろいろと選挙の応援等もしたことがあるのですが、反応が〝鈍《にぶ》い感じ〟がするというか、（反応が）何もなくて、やや〝冷たい感じ〟があったので、「過去世《かこぜ》や宗教などは、あまり信じていないのかな。ほどほどのところにしたほうがいいのかな」と感じたと

自民党総裁選の共同記者会見後に握手する（右から）小渕恵三《おぶちけいぞう》元首相、加藤紘一元幹事長、山崎拓《やまさきたく》元政調会長の３候補者（1999 年９月９日撮影）。

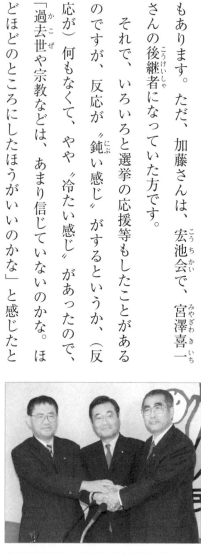

ころもありました。

かつては、小沢一郎《おざわいちろう》さんのほうが非常に強い勢力を持っていたこともあったのですけれども、加藤紘一さんも九五年に自民党幹事長になられてからは、すごく強い〝大幹事長〟となったイメージがあります。ただ、小沢さんも加藤さんも、一時期は強い力を持っていたものの、その後は総理になれずに終わりました。

加藤紘一さんは、特に、官房長官《かんぼうちょうかん》のころが有名かもしれません。宮澤内閣の官房長官（一九九一～九二年）をされていましたし、その前には防衛庁長官（一九八四～八六年）もされていました。

山形県出身で、加藤精三《せいぞう》元衆議院議員の五男です。五男が後継《あとつ》ぎになることもあるのですね。

台湾《たいわん》の大学やハーバード大学等にも行かれていて、中国通《つう》とのことです。二〇〇八年には、日中友好協会会長にも就任されています。

それから、北朝鮮《きたちょうせん》問題のときには、北朝鮮に古いお米を五十万トンぐらい支援したことがあったように記憶《きおく》しています（注。一九九五年、村山《むらやま》政権下で北朝鮮への計五十万トンのコメ支援を決定した際、加藤紘一氏は自民党の政調会長、幹事長として、これを推進した）。

今の幸福実現党の政治の流れからすると、北朝鮮や中国に対し、少々〝甘《あま》すぎる〟感じに見えるとは思います。ただ、当時は、自民党も、今よりももう少し「リベラル」に近かったかもしれません。私の夢にときどき出てくる後藤田正晴《ごとうだまさはる》さんなども、官房長官や副総理をしていましたけれども、あのころは、「社会党の委員長ができる」と言われていたぐらいです。

そのように、自民党そのものが、「護憲、護憲」で、自衛隊の海外派遣《はけん》にも反対でしたし、ややリベラルの流れだったのです。ただ、その後は情勢がだいぶ変わってきたのではないでしょうか。

八〇年代から九〇年代前半ぐらいは、みな、中国や北朝鮮が脅威《きょうい》であるとはあまり思ってもいなかった時代で、「日本はもっともっと強い」という感じもあったかと思います。アメリカが極端《きょくたん》なほど強かったですからね。

さて、当会とのご縁《えん》は薄《うす》かったかなと思っていたのですけれども、亡くなられて三日でやってこられたということは、やはり、何かご意向があられるのでしょうか。

まあ、朝にも少し話をしてはいます。私は、起きるなり、ノーマン・ビンセント・ピールの英語を流していたのですが、ピールさんは勝てず、加藤紘一さんのほうが（霊として）出てこられ、しばらく語っておられました。

そういうことで、ご縁が深かったのなら、それについてもお話しいただこうと思います。

加藤紘一氏の過去世《かこぜ》は釈尊《しゃくそん》の時代の「波斯匿王《はしのくおう》」か

大川隆法　幸福の科学としては、「ザ・リバティ」（一九九六年一月号。幸福の科学出版刊）に、「加藤紘一氏の過去世《かこぜ》は、釈尊《しゃくそん》の時代のコーサラ国の波斯匿王《はしのくおう》（プラセーナジット王）だろう」という記事を載《の》せたことがあります。

その時代のインドには、コーサラ国とマガダ国という二つの大きな強国があり、釈迦国《しゃかこく》は、コーサラ国の属国のような小国でした。そして、この波斯匿王と、マガダ国のビンビサーラ王の二人の王様は親戚《しんせき》でもあり、この二国が強かったのです。

また、この当時、仏陀《ぶっだ》は、マガダ国とコーサラ国を行ったり来たりしていました。仏陀教団は、コーサラ国のほうに「祇園精舎《ぎおんしょうじゃ》」、マガダ国のほうに「竹林《ちくりん》精舎」という大きな拠点《きょてん》を持っていて、この二つの拠点の間を、毎年、歩いて行ったり来たりしていたような状態だったと思います。

それで、どういう感じでなのかは分かりませんが、加藤紘一さんの霊が、今朝、そのあたりのことを少

月刊「ザ・リバティ」1996年1月号では、加藤紘一氏の過去世の一つが、釈尊に帰依していたコーサラ国の波斯匿王《はしのくおう》であることを明かした。

仏陀教団が伝道の拠点とした祇園精舎《ぎおんしょうじゃ》と竹林《ちくりん》精舎

2600年前の古代インドでは、16カ国が覇を競っていた。仏陀は、そのなかの2大強国だったマガダ国とコーサラ国を中心に伝道の旅をしていた。

(左) 祇園精舎跡。コーサラ国のスダッタ長者とジェータ太子が寄進《きしん》した園には、7階建ての祇園精舎と60の宿所が建てられたという。釈尊は年3カ月の雨安居《うあんご》の時期を、ここで19回過ごされたとされる。

(左) 竹林精舎跡。マガダ国のビンビサーラ王による竹林精舎の寄進は、釈迦教団において最初期の出来事だった。近郊にも幾つかの僧院が建てられ、釈尊はこの地で8回の雨安居を過ごしたとされる。

し言ってこられたのです。

「以前、おたくの理事長を長くやっておられた山本無執《やまもとむしゅう》さんという方がおるけれども、あの人の過去世も、ジェータ太子《たいし》といって、波斯匿王の王子の一人だったんだよ。彼がジェータ林《りん》という土地を持っていて、それを寄進《きしん》して祇園精舎ができたんだよ」というようなことを言ったりしていました。

また、波斯匿王は晩年、ヴィドゥーダバという王子によって、クーデター風に乗っ取られます。

この王子の母は、「釈種《しゃくしゅ》」（釈迦族）ということで、マハーナーマン（釈尊の従兄弟《いとこ》）の娘《むすめ》が釈迦国からコーサラ国に嫁《とつ》いでくるわけですが、実は、マハーナーマンと、その家に勤めていた下女《げじょ》との間にできた娘を、「釈迦族の娘」ということでコーサラ国に送り、波斯匿王の第一妃《ひ》にしたのです。

ところが、その息子《むすこ》であるヴィドゥーダバが、大きくなってから釈迦国に留学に行ったところ、みなに、「なんだ、あの奴隷《どれい》の子じゃないか」とゲラゲラ笑われたため、騙《だま》されていたことが分かり、すごく怒《いか》り狂《くる》って帰ってきます。そして、その怒りを晴らすべく、王位を乗っ取ってから、釈迦国を攻め滅《ほろ》ぼしに行くわけです。

このあたりについては、当会の映画などには描かれていませんけれども、手塚治《てづかおさ》虫《む》版の映画「ブッダ」などには、そういう戦乱の世や、釈迦国が攻められていく様子などが描かれていたと思います。

また、このときのエピソードとして有名なのが、「仏の顔も三度まで」です。ヴィドゥーダバ王が釈迦国を攻めに行こうとすると、その道中の木の下に釈尊が座《すわ》っていて、王を止《と》めるわけです。「これは私の王族なので、攻めないでくれないか」という意味合いを込《こ》めて、「親族の木陰《こかげ》は涼《すず》しい」というようなことを言い、三回ほど兵を帰します。しかし、「仏の顔も三度まで」ということで、四回目に来たときには、もう、釈尊も現れなかったため、釈迦国は攻め滅ぼされてしまいました。

釈迦族で出家《しゅっけ》していた人は五百人ぐらいいたのかもしれませんが、その人たちはもちろん助かったものの、それ以外はみな、老若男女《ろうにゃくなんにょ》、ことごとく滅ぼされてしまったわけです。

これは、釈尊の晩年に起きた悲劇ですけれども、七十二歳《さい》過ぎか、その前後だったのではないかとも言われています。そういうかたちで、ヴィドゥーダバに乗っ取られているのです。

小沢一郎《おざわいちろう》氏の過去世《かこぜ》は波斯匿王《はしのくおう》と同時代の「阿闍世王《あじゃせおう》」?

大川隆法　一方、マガダ国のビンビサーラ王には、阿闍世《あじゃせ》という有名な王子がいました。

これも待ち望んでいた王子だったわけですけれども、あるとき、占《うらな》いによって、「山のほうで修行《しゅぎょう》している仙人《せんにん》が死んだら、王子になって生まれ変わる」というお告げが出ます。すると、生まれ変わりを信じていた時代だったので、「早く生まれてほしい」ということで、もう待ちきれず、その仙人を殺してしまうのです。

それで、マガダ国の阿闍世王子が生まれてくるわけですが、これを漢語では、「未だ生まれざる怨み」と書いて、「未生怨《みしょうおん》」といいます。

そして、生まれるときに、また占ってもらうと、「大きくなったら両親を殺害するような人になるだろう」というようなことを言われてしまい、「それは嫌《いや》だ」ということで、生まれてまもない赤ちゃんのときに、何重かの塔《とう》の上から投げ捨てたとも言われています。ところが、阿闍世の小指が途中《とちゅう》の木に引っ掛《か》かり、指は曲がったものの、命は助かりました。

それで、母親のほうは「かわいそうだ」と思い、阿闍世を育ててしまうわけですが、案《あん》の定《じょう》、大人になったら、「父王は、自分を殺害しようとした」という噂《うわさ》を聞いて事実を知ってしまい、ビンビサーラ王を捕《と》らえて幽閉《ゆうへい》してしまうのです。

ところが、幽閉し、食糧《しょくりょう》も供給していないのに死なないため、「どうもおかしいな」と思っていたら、母親が、自分の体にバターやハチミツ、小麦粉などを塗《ぬ》って父王のお見舞《みま》いに行き、それを食糧として供給していたことが分かりました。

阿闍世はとうとうそれも見つけてしまい、母親を摘発《てきはつ》して殺そうとしますが、これにはさすがに進言する者がいて、「『父を殺して王位を乗っ取った』という話はインドにもありますが、さすがに『母を殺した』というのはありません。それはおやめください」と言われたため、思いとどまるわけです。

　そういうことがあったわけですが、このときの様子を描いたものが、『浄土三部経《じょうどさんぶきょう》』に出てきます。いわゆる念仏宗《ねんぶつしゅう》、つまり浄土宗、浄土真宗系には『浄土三部経』というものが伝わっているのですが、ここに、牢屋《ろうや》につながれている（阿闍世の）お母さんのところに、仏陀が神通力《じんつうりき》でもって空中

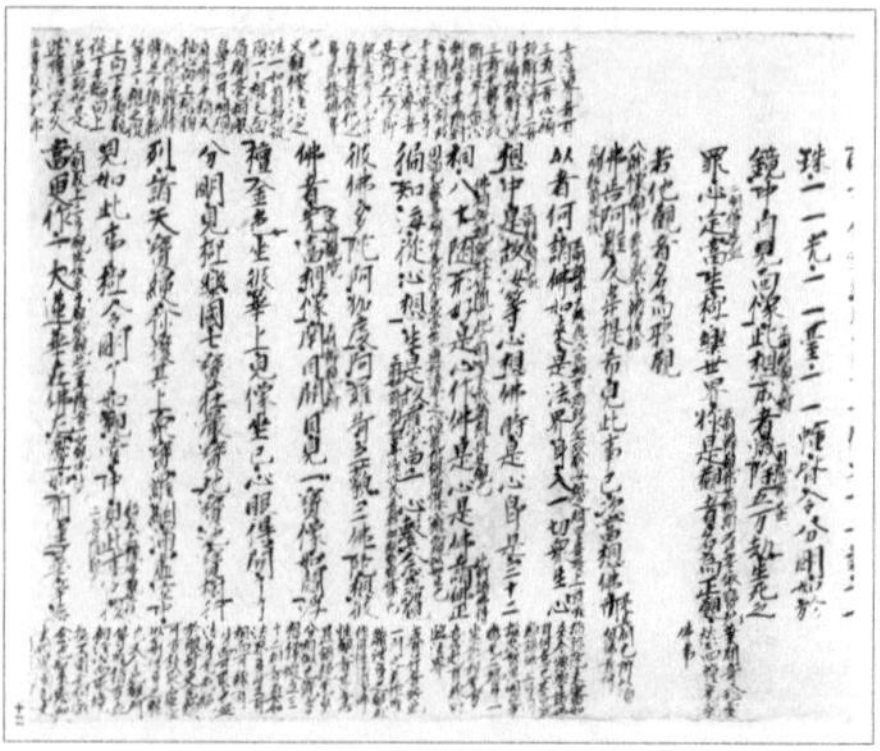

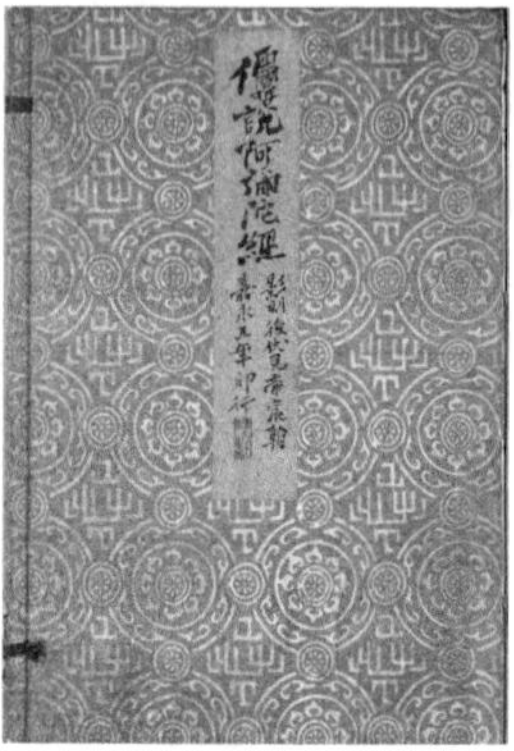

『観無量寿経《かんむりょうじゅきょう》』には、幽閉された阿闍世王の母・韋提希《いだいけ》夫人のもとに、釈尊が神通力を使って現れるエピソードが記されている。これに『無量寿経』と『阿弥陀経』を併せて「浄土三部経」と呼ばれ、浄土教系の諸宗で基本経典とされている。（左）『観無量寿経集註』（親鸞《しんらん》著）の中面、（右）『仏説阿弥陀経』（後伏見帝《ごふしみてい》著、1852年）。

を飛んで姿を現して見舞ったり、（十大弟子《でし》の）大目連《だいもくれん》が神通力で見舞いに現れ、お経を説いたりするような話が出てくるのです。

ですから、「何の運命、因果《いんが》で、自分はこんな目に遭《あ》わされるのか」というようなことを嘆《なげ》いている母親に対して救いを説くというような、そういう教えが浄土教であり、そのあたりのところから、浄土教は始まっているということです。

多少、物語に彩《いろど》られているので、史実がどうかは分かりませんけれども、阿闍世がそういう残虐《ざんぎゃく》な王であったことは事実でしょう。

九〇年代当時、当会が加藤さん等を応援していたときには、「阿闍世が小沢一郎《おざわいちろう》氏の過去世《かこぜ》で、波斯《はし》匿王《のくおう》が加藤紘一氏の過去世だろう」という霊査《れいさ》が、

小沢一郎氏の過去世の一つは、マガダ国の阿闍世王であることを紹介した月刊「ザ・リバティ」1995 年 7 月号。

「ザ・リバティ」にも記事として載っていました。

ちなみに、悪王であった阿闍世には、こんな話もあります。

釈尊の従兄弟《いとこ》でもあった提婆達多《だいばだった》が、阿闍世と共謀《きょうぼう》して、七十代になった釈尊に反乱を起こし、その地位を乗っ取ろうとしたのです。その根拠となったのが、阿闍世が、「毎年、五百人分ぐらいの食糧を供給する」などと約束したことです。釈迦教団はいつも食糧に困っていたので、「食べていける」ということで、五百人ぐらいが、釈尊から分かれて提婆達多についていくわけですが、それを、釈尊の二大弟子が取り返しに行っています。

そのような話も、お経のなかには載っていて、実際、釈尊晩年のころに起きたことだと思います。

阿闍世王が仏陀に帰依するシーン。映画「黄金の法」（大川隆法製作総指揮、2003 年公開、東映）より。

そして、そのころからあとに説かれたのが『法華経《ほけきょう》』ではないかというように言われているわけです。

ただ、その阿闍世も、「晩年は仏陀に帰依《きえ》した」という話もあり、そのことは、当会の映画（二〇〇三年公開「黄金の法」）のなかでも描かれていたとは思いますが、そのため、小沢一郎さんにも少しは声を掛けてみたというところもあったのです。

結局、小沢一郎さんも加藤紘一さんも、特に幸福の科学の信者にはならずに終わったのではないでしょうか。

過去世《かこぜ》判定に〝三角測量《さんかくそくりょう》〟が必要な理由

大川隆法　加藤紘一さんの過去世《かこぜ》については、これ以外に、「江戸《えど》時代の儒者《じゅしゃ》の新《あら》井白石《いはくせき》として生まれた」という説も出ていました（『悟《さと》りに到《いた》る道』〔幸福の科学出版刊〕参照）。

それから、波斯匿王については、二〇一一年の「宇宙人リーディング」で、現在HSU（ハッピー・サイエンス・ユニバーシティ）のチェアマンをしている渡邉和哉《わたなべかずや》さんの過去世ではないかという説も出ていますが、確か、これは自分（魂《たましい》の兄弟）で言っていたと思います（『レプタリアンの逆襲《ぎゃくしゅう》Ⅱ』〔幸福の科学出版刊〕参照）。当会としては、そのほうがよいのかもしれませんが（笑）、これには異説があるわけです。

確かに、霊人《れいじん》が自分で宣伝する分には、本当かどうか分かりません。〝三角測量《さんかくそくりょう》〟をして、いろいろな人の意見を聞き、詰《つ》めていかないかぎりは分からないのです。「本人の霊が言った場合は、面倒《めんどう》くさいのでそのままになっている」ということもけっこうあって、過去にも、幾《いく》つか矛盾《むじゅん》するものがあることはあります。

また、言った過去世を認めていても、その後の経緯《けいい》を見て、「当会との距離《きょり》感から考えて、やはり、これはちょっと違《ちが》うかな」と思って言わなくなったものなどもありました。

昔の霊査は、私がまだ三十代ぐらいのときに行《おこな》ったものであり、政治家がかなり偉《えら》く見えていたころの判定ではあると思いますが、実際、加藤紘一さんは、死後三日で私のところへ来る資格があるような方だったのでしょうか。

向こうは、（霊言《れいげん》の収録を求めて）「横綱《よこづな》が来るぐらいなんだから、いいじゃないか」などと言うのですが、まあ、おっしゃるとおりではあります。私には横綱との親交はなく、付き合ったことはありませんが、それでも、死後、霊として私のところに来ていました（『元相撲《すもう》協会理事長　横綱北《きた》の湖《うみ》の霊言　ひたすら勝負に勝つ法』『元横綱・千代《ちよ》の富士《ふじ》の霊言　強きこと神の如《ごと》し』〔共に幸福の科学出版刊〕参照）。「それなら、自分が来てもいいじゃないか」ということなのでしょう。

加藤紘一氏のリベラル思想の背景にあるものは何か

大川隆法　私は、「加藤さんが全盛期のときに、当会が、山形の選挙区で、〝にわか事務所〟を出して選挙の支援をしたりしたのは知らないのだろうな」と思っていたのですが、(霊としての)本人が朝、「それは知っていた」というようなことを少し言っていたので、「ああ、そうなのか」と意外に思いました。

宮澤(喜一)さんといい、加藤さんといい、ちょっとツンとして、ツルッとしていて、とっつきにくいところがあったので、本音は出さないタイプだったのかもしれません。

また、一九九五年に幹事長になっていますが、この年にオウム事件が起きており、宗教は逆風になったこともあったので、難しかったのではないかと思います。

その後、二〇〇〇年には、野党が提出する森《もり》首相への不信任決議案に同調して倒《とう》閣《かく》を狙《ねら》った「加藤の乱」というものがありましたが、ここから覚えている人もいるのではないでしょうか。

当時、それほど普及《ふきゅう》していたとは言えないインターネット等では、「加藤、頑張《がんば》れ」というような応援メールが、十万件ぐらい集まっていて、マスコミのほうも、少し期待をかけて煽《あお》って、「自民党を割って、別党をつくって戦うのなら応援するぞ」というような感じでした。

しかし、途中で腰《こし》が砕《くだ》けて、「党から出るところまでは考えていなかった」ということで、乱は終わってしまったのです。それで、この人（加藤紘一氏）のその後の政治生命は、だいたい終わったような感じになりました。

七十三歳ぐらいで落選し、そのあとは、娘さん（加藤鮎子《あゆこ》氏）が立候補して、今、後《あと》を継いでおられます。

そういう意味で、加藤紘一さんはリベラル派ではあるのですが、それは時代性によるものなのか。あるいは、仏教系の諸教団も、ややそういう「平和主義」「反戦主義」に走ったところも多いので、仏教とか仏陀の思想とかから見れば、リベラルの思想になるのは当たり前のことなのかもしれません。

ただ、その後の政治の変動から、今、どのように考えておられるのかなどについては分からないところがあります。

前置きは以上です。加藤さんをご存じない方も多いかと思いますので、知識として入れさせていただきました。

帰天《きてん》後まもない加藤紘一氏に、その心の内を訊《き》く

大川隆法　（質問者を指して）あなたがたは、みな加藤さんの活躍期《かつやくき》に、いちおう大人として存在していた人たちですね？

綾織　はい。だいたい分かります。

大川隆法　二十年ぐらい前の記憶があればいいわけですが、当時、みなさんは、だいたい大人でしたね。

（合掌《がっしょう》し）それでは、政治家で、近日亡くなられました、元自民党幹事長・加藤紘一さんの霊をお呼びいたします。政治と宗教、その他、世界情勢などについて、申し送りたいことがございましたら、幸福の科学 教祖殿《きょうそでん》にて承《うけたまわ》りますので、お伝

えくだされば幸いかと思います。

加藤紘一さんの霊よ。

どうぞ、幸福の科学 教祖殿に降りたまいて、心の内を明かしたまえ。

（約十秒間の沈黙《ちんもく》）

加藤紘一（1939 ～ 2016）
内閣官房長官や自民党幹事長などを歴任し、「政界のプリンス」と称された。自民党幹事長として臨んだ1996年の衆院選においては、小沢一郎氏率いる新進党に勝利し、衆議院における自民党の単独過半数復帰に貢献。しかし、2000年の「加藤の乱」が失敗に終わって以降、政界での影響力を急速に失った。リベラル派の政治家として知られ、1992年には、従軍慰安婦問題に関して、政府の関与があったことを認める内容の官房長官談話を発表。これが後《のち》の「河野《こうの》談話」につながったとされる。

2 「総理になれる人」と「なれない人」の違《ちが》いは何なのか

「何のお役にも立てず、あの世に行ってしまい、申し訳ない」

加藤紘一　うーん。

綾織　こんにちは。

加藤紘一　うーん、こんにちは。

綾織　お亡《な》くなりになって、三日ぐらいたっていると思います。

加藤紘一　ああ、そうですか（笑）。生前は、仲良く行《い》き来《き》するところまで行かなくて、申し訳なかったです。

綾織　そういうお気持ちでいらっしゃるのですね。

加藤紘一　ええ。すみません。年が上だったこともあったし、私どものほうは官僚《かんりょう》体質でもあって、動きが悪くて。まあ、幸福の科学さんのご存在を認識していなかったわけではございませんで、いろいろなことを、いろんな人から伺《うかが》ってはおりました。

綾織　ああ、そうですか。

加藤紘一　ええ。「もうちょっと腰《こし》が低い、フットワークのいい政治家でなきゃいけない」と思いつつも、田中角栄《たなかかくえい》さんみたいな、ああいう神通力《じんつうりき》を持っていないもんで、こまめに動けなくてね。すみません。

綾織　お気持ちとしては「交流をしたいな」とは思っていらっしゃったわけですね。

加藤紘一　でも、まあ、年は上でしたからね。先輩《せんぱい》であったので。

綾織　うーん。

加藤紘一　あなたがたでも、例えば、どうでしょう。十七ぐらい年下の宗教家でも政治家でもいいけど、そのあたりから「一生懸命《いっしょうけんめい》、応援《おうえん》してます」って言われても、「ああ、ありがとうよ」ぐらいで、だいたい終わってしまうことはあるでしょうから。そのへんの〝時間差〟はあったかもしれませんね。

何のお役にも立たず、あの世に行ってしまって、申し訳ないなと思ってます。

綾織　もしかしたら、そのあたりが、政治家としての大きなターニングポイントにもなったのかなという気がしないでもないですね。

加藤紘一　いやあ、今は、独自に政治団体で活動なされているようですので、現役《げんえき》でいたとしても、どこか難しいものが出たかなあとは思いますけどねえ。

綾織　お話をお伺いしていると、お亡くなりになって「苦しんでいる」という雰囲《ふんい》気《き》もそんなにないですね。

加藤紘一　うん。そんなことはない。まあ、仕事は終わりましたからね。落選もして、娘《むすめ》の代に代わってね。まあ、いいころかとは思っております。そんなに長く生きても、私の仕事はもうないので。エヘヘヘ（笑）。

綾織　なるほど。

「小泉《こいずみ》さんが〝大総理〟になったのは予想外」と語る加藤紘一氏の霊《れい》

綾織　ただ、今日いらっしゃったのは、何か特別におっしゃりたいことがあったからですよね？

加藤紘一　やっぱり、それはねえ、「思い残し」っていうやつですよ。

綾織　思い残し？

加藤紘一　ええ。「一回、（幸福の科学の霊言《れいげん》に）来なきゃいけないんじゃないかなあ」と。

綾織　ああ、なるほど。

加藤紘一　一回、来なきゃいけないんじゃないですか。まあ、そういうふうに思ってねえ。宮澤《みやざわ》（喜一《きいち》）先生もお出《い》でになられたんでしょう？（『宮澤喜一　元総理の霊言』〔幸福実現党刊〕参照）

綾織　そうですね。

加藤紘一　それから、だいたい、最近の方はいっぱい出ていらっしゃるでしょう？　私のころから見れば、菅《すが》（義偉《よしひで》）官房長官《かんぼうちょうかん》とかね、二階《にかい》（俊博《としひろ》）幹事長とか、安倍《あべ》（晋三《しんぞう》）さんだってねえ、まあ、どうってほどのことはない政治家でしたからねえ。

綾織　まあ、そうですね。

加藤紘一　「YKK《ワイケーケー》」って、若い人は知らないかもしれないけれども。山崎拓《やまさきたく》、加藤（紘一）、小泉《こいずみ》（純一郎《じゅんいちろう》）の三人を「YKK」といって、これでも、「ややリベラル系のニューリーダー」ということで。まあ、「本流」ではなかったんですけどね。「YKK、YKK」といってやってて。

綾織　ええ。

加藤紘一　「YKK」って知ってますか？　シャッターの……、いや、チャックみたいなやつですね。若い人

「ＹＫＫ」と呼ばれた自民党の山崎拓元政調会長（中央）と加藤紘一元幹事長（左）、小泉純一郎氏（右）（2000 年 12 月 11 日撮影）。

は知らないかもしれないけど、ジャンパーなんかのジッパーみたいなやつかな。あんなのをつくる会社がＹＫＫっていうんですけど、それに掛《か》けて言われてて。

この三人で、「誰《だれ》が総理になっても支えよう」みたいな感じでやってたんですが、小泉さんが総理になって、偉《えら》くなって、長期間やるっていうのは、ちょっと予想外のことでしたね。山崎拓も私も、「こちらのほうが先だ」と思ってたほうであったんで、ちょっと驚《おどろ》きではあった。小結《こむすび》が横綱《よこづな》になったような感じでね。ちょうど、小結だと思った千代《ちよ》の富士《ふじ》が、横綱になったような感じでしたかねえ。

ほんと、政界は、一寸先《いっすん》はまったく読めませんね。小沢《おざわ》（一郎《いちろう》）さんも私も、総理になれずに終わってしまうなんてねえ……。

綾織　加藤さんは、ずっと、「政界のプリンス」といわれ続けてきて……。

加藤紘一　そう、そう、そう、そう。

綾織　「ＹＫＫ」を組まれて、当時の小渕《おぶち》派とか橋本《はしもと》派とかに対抗《たいこう》するという位置づけでしたけれども……。

加藤紘一　そう、そう、そう、そう、そう。

綾織　なかなか、〝その先〟が見えてきませんでした。

加藤紘一　うん。まあ、小泉さんがあんな〝大総理〟になるとは、ちょっと思わなかったですけどね。

その小泉さんも、引退してからまたゴソゴソ動いてるけど、今は主流派からは外されているようで、「長生きしすぎたのかなあ」っていう感じに見えなくはないですよね。何か変なことを言うので、自民党の主流派から外れて、息子《むすこ》さん（小泉進《しん》次郎《じろう》氏）のほうに迷惑《めいわく》がかかってるように見えなくはないですけどねえ。

綾織　なるほど。

日本の政治が曲がり込《こ》んでいったターニングポイントとは

綾織　このあたりの政治家としての人生を振《ふ》り返って、自民党の総裁、あるいは、「首相になれる人」と「なれない人」の違《ちが》いは、どのようなところにあると思いますか。

まあ、ご自身で語るのには、少しつらいところはあるかもしれませんけれども（苦笑）。

加藤紘一　アッハッ、ハハハハ（笑）。それを死んでから訊《き》かれるか。

綾織　ご自身では、どのように思っていらっしゃいますか。

加藤紘一　うーん。いや、私がならなかったから、その後、「東大出の総理」が出なくなったんじゃないかねえ。宮澤さんのあとは出なくなって、忘れたころにねえ、鳩山《はとやま》の兄のほう（鳩山由紀夫《ゆきお》氏）が、東大工学部卒あたりで首相になって、目茶苦《めちゃく》茶《ちゃ》なことをして終わって。

だから、また二十年ぐらい出ないんじゃないですか、このままじゃ（笑）。アハハハハハ（笑）。

綾織　そうかもしれません（苦笑）。

加藤紘一　評判を落として。

私の代で、ちょうどバブル崩壊《ほうかい》で経済的にも目茶苦茶落ちていったし、その後の

「二十一世紀の呪縛《じゅばく》」みたいなのが始まったんで。

私が幹事長になるころか、その前ぐらいだったか、日下公人《くさかきみんど》さんあたりがねえ、「この不況《ふきょう》は、東大法学部不況だ」なんて書いてたりしてねえ。自分は東大の経済学部だからねえ、しれっとして、「東大法学部が役所の上のほうを占《し》めていたり、政治家になったりしているが、経済が分からんからこんなことになって、経済不況がずっと続いとるんだ。これは法学部不況なんだ」というようなことを言ったりしてましたけど。

まあ、それは、あんまり分からないといやあ、分からないかもしれないけど、（経済が）分からなくても、戦後はずっと経済発展してましたんでねえ。政治がうまくいっとれば発展したんですが。

まあ、ちょうど、そのへんのターニングポイントになったんですかねえ。

要するに、小沢さんとか私とかが、本当は総理にならなきゃいけなかったのかもしれないけど、ならなかったあたりで、日本の政治が少し曲がり込《こ》んでいったような感じには見えるんですけどねえ。

綾織　うーん。

加藤紘一　橋龍《はしりゅう》（橋本龍太郎《りゅうたろう》氏）は強いから、まあ、しかたがないとしても、小渕（恵三《けいぞう》）さんとか、森《もり》（喜朗《よしろう》）さんとかは、「どうなのかなあ」っていう感じがちょっとありましたね。「人柄《ひとがら》はともかくとして、能力的にどうなんだろうか。宰相《さいしょう》としての認識があるのかなあ」っていう感じを、われわれは持っていましたけどね。

「加藤の乱」を振《ふ》り返って思うこと

綾織　先ほども少し話題に出ましたけれども、「加藤の乱」ということで……。

加藤紘一　それだけで覚えられるのは、ほんとつらいですね。

綾織　そうですね。

加藤紘一　若干《じゃっかん》、つらいですね。

綾織　新聞にも、「『加藤の乱』の加藤さんが亡くなった」というような見出しが立っていますので。

加藤紘一　ちょっと、それはほんと、ひどいですね。

綾織　これがメインというのは、確かにさみしいところなのですけれども（苦笑）。

加藤紘一　うーん……。何か、ちょっとさみしいですね。そういう終わり方って、ちょっとつらいですねえ。

あなたがたも〝幸福実現党の乱〟とか言われないように気をつけましょうね。

綾織　いえ、まあ、それは……（苦笑）。幸福実現党はずっと続いていきますので。

加藤紘一　まあ、知りませんがね（笑）。

いやあ、だから、ある程度まで人は上《のぼ》るんだけど、限界が出ることはあってねえ。それは、天命なのか天運なのか、私には分かりませんが。選択肢《せんたくし》は幾《いく》つかあるとは思うんですけど、何か〝流れ〟があってね。

確かに、私も「加藤の乱」と言われたときがあって、今の小池百合子《こいけゆりこ》さん（現・東京都知事）みたいな度胸《どきょう》があれば、あるいは、総理になれたのかもしれませんけど、そのくらいの、喧嘩《けんか》を売るぐらいの度胸があれば、あれだけども。やっぱり、官僚出身だったところが、後手後手《ごてごて》の慎重《しんちょう》すぎるところになりましたかねえ。

斎藤　今、テレビでは「加藤の乱」のシーンが……。

加藤紘一　アハッ（苦笑）。流れてるんですか。

斎藤　繰《く》り返し繰り返し、流されていますね。

加藤紘一　観《み》ないでください。もう（テレビを）切ってくださいよ。あれ、ちょっと、あとがよくなかったんで。

斎藤　そうなんです。

加藤紘一　あの泣いたりしたようなところを映《うつ》されたのが、もう政治家として致命《ちめい》的でしてね。

斎藤　でも、あのとき、政治家だったら、普通《ふつう》、ワーッと一言《ひとこと》、二言《ふたこと》、「弁明《べんめい》に入る」と言って、ペラペラペラペラッとしゃべっているはずなのに、ジーッと黙《だま》っていて、脇《わき》から、肩《かた》を揺《ゆ》さぶられながら、「加藤先生は大将なんだから！　ひとりで突撃《とつげき》なんて駄目《だめ》ですよ……」というような感じで言われて、涙《なみだ》をずっと……。

加藤紘一　それで泣いてた。

斎藤　どうして、そのような……。まあ、「政治家らしからぬシーンだな」というようにも思い

「加藤の乱」で、森内閣への不信任票を投じに行こうとしながら、谷垣禎一《たにがきさだかず》氏に腕を取って引き止められる加藤紘一氏（2000年11月20日撮影）。

ましたけれども。

加藤紘一　泣いてた……。あれは（あのとき引き止めたのは）、谷垣《たにがき》さん（自民党の谷垣禎一《さだかず》元幹事長）だったかな。

綾織　谷垣さんですね。

加藤紘一　あれもまた、今、（自転車の事故で）引っ繰り返って……。

綾織　そうですね。微妙《びみょう》なポジションなんですね。

加藤紘一　ああ、同じようだねえ。同じように総理になれない人たち。幹事長までして総理になれない人たち。自民党の総裁もして総理になれないのね、彼もねえ。

まあ、そういう運の人っているんだねえ。

綾織　ああ、これはやっぱり運ですか。運が大きいのですか。

加藤紘一　だから、何かもうひとつ、あれじゃないですか。決断と行動……。

綾織　ああ、決断と行動。

加藤紘一　「決断力」や「行動力」は、やっぱり「野性味《やせいみ》」だからね。だから、優等生で「官僚気質」というか、頭は緻密《ちみつ》なんだけど野性味がないとね。

角栄さんみたいな人だったら、無職になったら……、何と言うかねえ、「的屋《てきや》」って言って分かる

日中国交正常化を果たして帰国し、羽田空港で会見する田中角栄元首相（1972年9月30日撮影、東京・羽田空港にて）。

かどうか知らんけど、ちょっと何か、そういう夜店《よみせ》を開いてでも食っていくような〝たくましさ〟があるじゃないですか。

われわれみたいに東大を出て、官僚だ弁護士だ、いろいろと普通の出世コースに入りたい者たちは、みんな失うもののほうが多くて、「それを捨てて勝負を挑《いど》む」みたいなのは、あまり得意ではないところはあったかねえ。

綾織　なるほど。そういう「捨てる部分」ですね。

加藤紘一　うーん。だから、もとが「這《は》い上がってきたような人」は、強いのは強いですよねえ。

綾織　ああ、はい。

加藤紘一　だから、「捨て身」っていうかねえ。小池さんなんかも「捨て身」だろうけど。

綾織　うーん。そうですねえ。

加藤紘一　そういう「捨て身」の部分がね、ちょっと弱いかなあ。

綾織　確かに、そうなると、国民からもワーッと支持が集まってくるという流れになります。

加藤紘一　だから、私も、ちょっとずつ後手後手になったところと、多少、ボタンの掛け違ったところとか、あったのかなあ。

経済成長の神話が崩《くず》れて以来、「パフォーマンスの時代」になった

加藤紘一　だから、たぶん、経済成長が当然の右肩上がりで上がっていけば、宮澤さんが総理になったんなら、私なんかも総理になれたんだろうと思うけど、経済が一九九〇年代に入って、急にガクッと折れましたからね。その時代で、右肩上がりの成長の神話が崩《くず》れちゃったんで。

それで、経済のところも、もうちょっと野人《やじん》的な人を探してみたり、新しい顔を探してみたり、いろいろして、小泉さんとかが「自民党をぶっ壊《こわ》す」とか言うと、ワーッと拍手喝采《はくしゅかっさい》になって。もう、あれは〝歌舞伎《かぶき》の世界〟ですよね、ほとんどね。(見得《みえ》を切るようなしぐさをしながら)こういう感じの、歌舞伎をやってるような感じでしたけど、

郵政解散後、衆院選に向けてマニフェストを発表する小泉純一郎首相。当時の政治手法は「小泉劇場」ともいわれた(2005年8月19日撮影)。

そういうのが〝受け〟ていくような時代になって、多少、学歴や経歴、知識よりも、何と言うか、テレビ受けするパフォーマンスができる人が強くなる時代になっていきましたよね。

ただ、それらの方々が、実績として本当にあげられるかどうかは、別問題としてはあったのかなあと。

森（喜朗）さんとかはまだ生きておられるから、あまり言って〝祟《たた》り〟があるといけないとは思いますが、私たちなんかが見ると、一時期、「サメの脳みそ」と言われた時代があったと思うんだけど、本当に、そうとしか見えませんでしたよ。「ラグビー推薦《すいせん》で早稲田《わせだ》に入った」っていう。「勉強では入れず、ラグビーで入って、あと、そればっかりやってたようにしか見えないのに、なんで総理にまで来るの？」っていう感じはちょっとありましたねえ。

綾織　「いまだに」と言ったら失礼かもしれませんけれども、東京オリンピック・

パラリンピック競技大会組織委員会会長として活躍《かつやく》されています。

加藤紘一　そう。しぶといですねえ。

綾織　不思議です。

加藤紘一　だから、スポーツが好きなんでしょうけどね。まあ、体力も実力のうちだからねえ、しかたないですけど。外国に行けば、ああいうふうな堂々とした体格っていうのは、今の「金髪《きんぱつ》のトランプさん」みたいな感じに見えて、日本人にしては立派に見えるのかもしらんけどねえ。

3　なぜ九〇年代の自民党はリベラルだったのか

生前、「中国」と「北朝鮮《きたちょうせん》」の問題は予想できなかったのか

綾織　一九九〇年代は、今、振《ふ》り返ってみると、「中国」と「北朝鮮《きたちょうせん》」の問題の大きなターニングポイントでもあったかなと思います。

加藤紘一　うーん。

綾織　宮澤《みやざわ》政権のときに、「天皇陛下《へいか》の初めての訪中」（一九九二年）がありましたが、それを、加藤先生は、宮澤内閣で官房長官《かんぼうちょうかん》として主導されました。その後、中国への経済制裁が緩《ゆる》まり、中国の大発展が始まっていきました。

また、北朝鮮のほうは、当時から、核《かく》開発やミサイル開発が始まっていたのですけれども、それに対して、加藤先生は、コメ支援《しえん》を非常に熱心にされてきました。

加藤紘一　いやあ、まさか、北朝鮮が、「先軍《せんぐん》政治」っていうのをここまで延々にやり続けると思わなかったから。まあ、「武装したところで大したことはない」とは思ってましたからねえ。〝海賊《かいぞく》〟程度と思っていたんで。日本は（経済的に）大きかったですからねえ。

綾織　例えば、北朝鮮は、「その経済的な部分、資金を、『核開発』、『ミサイル開発』に絞《しぼ》って投入する」という意味で、もう、それが十年、二十年と続いて、結果的には、今のような、核ミサイルを持つところまで来てしまったわけです。

加藤紘一　うーん……。いや、この世界史の流れは、ちょっと、読めた人はいない

●**先軍政治**　北朝鮮の公式イデオロギーで、すべてに優先して軍事に力を入れる統治方式で、毛沢東《もうたくとう》の大躍進政策等がそのルーツとも言われる。

んじゃないですかねえ。

綾織　いえ。お言葉ですが、大川隆法総裁は、もう一九九〇年代から、中国の問題、北朝鮮の問題、両方とも指摘《してき》をされていました（『理想国家日本の条件』『ユートピア創造論』『幸福の科学興国論』〔いずれも幸福の科学出版刊〕等参照）。

加藤紘一　うーん、そうですかあ。全体的には、何か、政治のなかにいても、やっぱり、戦前の「反戦」みたいなのが、ずっと残ってたからねえ。

　だから、「北朝鮮や中国に対して、あまり厳しすぎるのはどうなのか。日本の反省が足りないんじゃないか。平和立国している以上、もうちょっと、反省

1992年2月の講演会「理想国家日本の条件」において、朝鮮半島の非核化に言及。94年7月の講演会「異次元旅行」では、北朝鮮の核開発問題に警鐘を鳴らした。その内容は、『理想国家日本の条件』『ユートピア創造論』（共に幸福の科学出版刊）に所収。

の態度を維持《いじ》しなきゃいけないんじゃないか」っていうのがあった。
それに、まだ中国も援助していましたからねえ。ＯＤＡ（政府開発援助）とかも続いていましたので。まさかねえ、「経済的に逆転されて、（中国のＧＤＰが日本の）二倍にもなる」なんていうのは、誰《だれ》も想像していなかったと思いますよ（苦笑）。そんなところを援助する必要はないですよねえ。

綾織　そうですね。

加藤紘一　だから、それはちょっと予想外だねえ。

綾織　まあ、予想できなかったとはいえ、やはり、「この一九九〇年代に、日本がどういう方針を取ったか」ということが、今に結実《けつじつ》してしまっていますよね。

加藤紘一　逆に言えば、旧ソ連ね。ソ連の崩壊《ほうかい》は一九九一年ぐらいですかねえ。

綾織　はい。そのとおりですね。

加藤紘一　まあ、崩壊したので、「ドミノで中国の共産党も崩壊するだろう」と思ったから。そんなの、北朝鮮なんか、巻き添《ぞ》えを食って一緒《いっしょ》に潰《つぶ》れていくと思っていたほうだから。

むしろ、「中国が潰れない程度に援助しなきゃいけない」と思ってたぐらいだったので。まさか、そんな、「アメリカに追いついてくるようになる」などとは思えなかったですねえ。

「朝日新聞の書いたものが日本の良識」という時代だった

綾織　これは、私の個人的な考え方なので、まったく分かりませんが、やはり、政治的な結果責任ということを考えたときに、「（加藤先生は）天国に還《かえ》れるのかな？」という……。

加藤紘一　（苦笑）

綾織　すみません（苦笑）。そういう疑問が湧《わ》いてくるところも少しありまして……。

加藤紘一　ああ、まだ、（今は）この世におりますから。はい、そのとおりです。

綾織　（苦笑）

加藤紘一　まだ、亡《な》くなって三日ぐらいですか。

綾織　はい。

加藤紘一　（霊《れい》として）まだ、この世にいますよ。そのとおり。分からない。それは、そう。おっしゃるとおりです。

綾織　うーん……。やはり、政治家の方の場合は、「心境」とはまた別に……。

加藤紘一　「結果責任」ですか。

綾織　そうですね。やはり、この部分は大きいので……。

加藤紘一　うーん……。

綾織　まあ、首相にならなかったとはいえ、「官房長官、幹事長としてやられた部分の結果が、どう判定されるのか」ということについては、非常に難しいところがあるのかなと思います。

加藤紘一　うーん……。でも、時代がちょっとズレるとねえ。例えば、今は「憲法改正論」を言ってる安倍《あべ》さんみたいなのは、もう私たちの時代だったら「超《ちょう》タカ派」で……。

綾織　そうですすね。

加藤紘一　「とても受け入れられない」というか、「国民の合意が取れない」っていう。まあ、だいたい、そういう認識でしたしねえ。

やっぱり、「朝日新聞」が書いたものが、だいたい、日本の良識という感じであった時代ではあるんでねえ。まあ、変わるんですよねえ。そういうものが変わってくる時期があるので。

だから、ソ連の崩壊以前は、保守派の言論人だって、今はちょっと増えてきましたけど、本当に少なかったですからね。数人しかいなかったので。

綾織　はい。そうですね。

加藤紘一　やっぱり、「左翼《さよく》系のことを言うのが、学問的にもジャーナリズム的にも『本流』で、政治家もそれに配慮《はいりょ》しないと国民の支持は得られない」っていうところはありましたから。要は、「反省からの出発」みたいなものを背負《せお》ってはいましたよねえ。

「慰安婦問題《いあんふ》」を認めたことについては、どう考えるのか

綾織　追い討《う》ちをかけるようですけれども、さらに、「慰安婦問題《いあんふ》」についてお訊《き》きいたします。

加藤紘一　ああ、ああ。

綾織　これについては、今、「韓国《かんこく》に資金を拠出《きょしゅつ》する」ということで合意されているのですけれども、最初に、政権として強制連行を認めた人は誰かということですね。まあ、「河野《こうの》談話」というものもあるんですが……。

加藤紘一　はい、はい。

綾織　その前に、河野洋平《ようへい》氏の前の官房長官は加藤先生でして、「従軍慰安婦の強制連行を初めて認めた人である」と。

加藤紘一　はあ（ため息）。

綾織　これも、やはり、「政治的な結果責任においては重たいかな」と思うのですが、これについては、今、どのようにお考えでしょうか。

加藤紘一　当時の外交官として「中国通《つう》」っていうのは、外交官としては〝一流でない〟ことを意味しておりまして……（苦笑）。

綾織　（苦笑）

加藤紘一　若干《じゃっかん》外れているあれなんですが。中国の言語を勉強したりねえ、その国の担当をしたりすると、だいたい好きになるもんでしてねえ。だから、「中国との関係をよくすることで、アジアが安定的になる」と思ってたところはあるんでねえ。

やっぱり、ハーバード（大学）なんかでも、戦後史観としては、「アメリカが中国を助けたことで中国は救われて、日本帝国《ていこく》主義が滅《ほろ》ぼされた」みたいな戦勝史観はいちおう持っていますからね。ハーバードであろうが、台湾《たいわん》だろうが中国だろうが、そう大きく変わらないところはあったのでねえ。

まあ、そう、今から言われると、そうおっしゃられれば、そのとおりですが、昔に行けば行くほど、もう戦後は、本当に、日本人のプライドがゼロからスタートしていますのでね。「悪いことをいろいろした」って、いろいろ言われて、みんな、

加藤紘一氏は日中友好協会の会長を務めるなど、親中派として活動を続けていた（写真：加藤氏〔左〕と会談する中国の賈慶林《か けいりん》全国政治協商会議主席〔右〕、2012 年 2 月 17 日撮影）。

「ああ、おっしゃるとおりでしょうね」みたいな感じだったし。原爆《げんばく》を落とされたのも、「それだけのことをしたから当然だ」っていうことで、ずっと〝上に載《の》っていた〟のでね。

あなたがたは、今、勢いよく、「それを全部引っ繰《く》り返そう」というような感じのことを言っておられるけど、それは時間がだいぶたったこともあるんでしょうからねえ。昔に行けば行くほど、「それは言えないこと」だったと思いますよ。

綾織　このあたりについては、もしかしたら、この場で、それなりに、もう一段深く振り返っていったほうが……。

加藤紘一　死んで三日で、それが悟《さと》れるんですか？

綾織　まあ、それは簡単ではないと思いますけれども。

加藤紘一　「ああ、やっぱり、戦後は、朝日ではなくて産経型の主張が取られるべきであった」と……。

綾織　まあ、産経が全部正しいわけではありません。

加藤紘一　「死後三日ぐらいで、それが言えるような情報収集ができる」と思っておられるなら、そう言ってもいいんですが。

「人道主義」や「社会福祉《ふくし》」がエリートの使命だと思っていた

斎藤　やはり、言論人のなかには、先ほどの「北朝鮮へのコメ支援」であるとか、「従軍慰安婦の強制連行を初めて認めた」とか、それらのことをもって、「日本を貶《おとし》め、駄目《だめ》にした政治家の一人である」というように、厳しい指摘をされる方もいらっしゃいまして……。

加藤紘一　まあ、そういう考えもあるだろうね。

斎藤　ただ、今、お話を聞いていますと、何か違《ちが》ったお考えをお持ちなのではないかなと思いました。つまり、その当時の「政治的な流れ」の構図のなかで、何か微《び》妙《みょう》に、ご自分の言われたいことと違った表現をされたような感じを受けなくもないのですが、そのあたりについて、本音を聞かせていただければ幸いです。

加藤紘一　今だったら、北朝鮮は、またミサイルを発射したり、核実験をやったりしてるんでしょう？　まあ、私はもう年齢《ねんれい》があれですけど、「もうちょっと若くて、今、政治の実務をやっている人たちのところに私がいたらどうか」っていうことですけれども。

やっぱり、お米の支援なんかしちゃったりして（苦笑）、（北朝鮮に）「ほどほどにしてくれないか」とか言うかもしれないって気はするので。何なのかねえ。

うーん……、根本的には、「人道主義」みたいなものを持ってはいるんですよね。「人道主義」とか、やっぱり、「社会福祉」、それから、「恵《めぐ》まれない人たちを助けたい気持ち」みたいなのは持っていて、「それがエリートの使命なんだ」っていうようなのを……。これ、けっこう、戦後の価値観でもあったんですけどねえ。

だから、まあ、極右であったら、「もう北朝鮮を空爆して潰《つぶ》してしまえ」っていうところまで行くんでしょうけども、その結果は、たぶん、今の中東のイスラム国の惨状《さんじょう》と同じことが起きるであろうから。

それよりは、やっぱり、「もうちょっと友好的に交流できて、友好国に引きずり込《こ》むほうが、両者、ハッピーになるんじゃないかなあ」という考えがあってもおかしくはないので。成功するかどうかは別にしてね。

まあ、私なんかだったら、そういうことを言うかもしれないので。

それは今、あなたがたの主張とは合わないのかもしれないですけど。「戦うのが下手《へた》なんだ」といえば、下手なんでしょうね。

だから、「敗戦のなかで育って外交官をやった」ということは、基本的に、「日本が生きる道というのは、外交積極主義というよりは、けっこう消極主義的で、あまりミスをしないように、他との関係を悪くしないように」みたいな感じが強くて、「だいたいはアメリカ追随《ついずい》型で、コバンザメみたいについておれば間違いはない」みたいな感じであったことは事実だねえ。

なぜ、政治家として「イノベーション」できなかったのか

綾織　「ザ・リバティ」という雑誌はご存じですか？

加藤紘一　ああ、ああ、知ってますよ。もちろん知ってます。

綾織　ありがとうございます。そのなかで、加藤先生について何回か書かせていただいたことがありまして、そこで強調していたのは、「政治家としてのイノベーション」ということでした。

今、おっしゃったことは、確かに、一九八〇年代、九〇年代の初めのころとしては、そのとおりかなと思うのですが、もう今年は二〇一六年ですので……。

加藤紘一　うーん……。

綾織　お亡くなりになる、つい最近まで、「安保《あんぽ》法制に反対」とか述べられていて、よりによって、共産党の「しんぶん赤旗」に出られたりもしていました。

加藤紘一　ハハハハハ（苦笑）。

綾織　その意味では、確かに、当初としては、もしかしたら、「それはやむなし」ということなのかもしれませんが、イノベーションの部分、つまり「政治家として考え方を、そのときどきで変えていく」という部分については少し足りなかったのかなというような観察をさせていただいています。

加藤紘一　でも、小林節《こばやしせつ》さんみたいな憲法学者で「改憲論者」といわれた方でも、「朝日」に出、「東京新聞」に出、「赤旗」と主張が一緒になってくるっていう流れがあったので。

まあ、戦後、「憲法を護《まも》る」っていう姿勢を教わってきた人たちは、宮澤さんなんかもそうだけれども、「なかなかそれを捨てるのは難しかった」ところはあるし、やっぱり、「捨てたあとがどうなるかが分からない」ところはあったですからねえ。

だから、それは、おっしゃるとおりなのかもしれないとは思うんですが、確かに、戦後の成功体験がけっこう長かったのでね。やっぱり、戦後、少なくとも四十年から五十年は成功体験がありましたからね。四十五年ぐらいはあったかな。少なくとも、一九九〇年ぐらいまでは成功していたので。「四十五年間、だいたい半世紀ぐらい成功した考えを、ポイッと捨てられるか」って言われると、やっぱり、それはねえ、なかなかできない。そのなかに育ってきた者にとっては、そう簡単には捨てられないところはあったですねえ。

中国・朝鮮人《ちょうせんじん》の権利を上げるのは、オバマ氏の人道主義と同じ

加藤紘一　確かに、人道主義的なものは、アメリカにカーター大統領みたいなのが出たときも、そんなふうな感じになるし、実質上、今のオバマさんもそうでしょう？

だから、私たちの流れは……、まあ、宮澤さんだとか、河野洋平とか私とか、こういう流れは、本当は、今のオバマさんみたいな流れと「同じ流れ」なんだろうとは思うんですけどね。

綾織　はい。

加藤紘一　結局、そうしたオバマさんの人道主義的な考え方も、超大国としてのアメリカを弱めつつあって、「局地戦が増えてきている」のと、「覇権《はけん》国が野心を抱《いだ》くようなところ」があって、それがよかったのかどうかを、今、問われているところでしょう。ここは、次の大統領選で決戦が来るんでしょうけれども。

まあ、アメリカのほうも、ちょっと、リベラルのほうに寄っていて、マイノリティーに配慮する路線ですから。今の「LGBT《エルジービーティー》」ですか。レズビアン、ゲイ、バイセクシュアル、トランスジェンダー、こういうものにまで権利を与《あた》えて、それから、黒人等にも有利にしてっていう流れは、ある意味では、〝私たちの流れ〟と一緒なんですよ。

綾織　はい。

加藤紘一　私なんか戦中生まれですが、私たちは、中国人や韓国人、北朝鮮《きたちょうせん》の人たちがずいぶん差別されていた時代のことを知っているので。戦中から戦後にかけて、ずいぶん差別されていた。日本人のほうが優位で、優越《ゆうえつ》感を持って差別していたのでね。

だから、アメリカの「マイノリティーのほうの権利を上げる」という流れを見ても、流れ的に見れば、「同じ流れ」ではあったんで。

関東大震災《だいしんさい》の話を出したら古すぎますけどね、あのころも、「朝鮮人が井戸《いど》に毒を投げ込んだ」とかね、そんなのが流れて、虐殺《ぎゃくさつ》が起きたりするようなこともありましたからねえ。

まあ、従軍慰安婦の件が歴史的事実かどうか、あなたがたは異論があるようではあるけれども、「井戸に毒を投げ込んだ」っていうことで、朝鮮人の虐殺が起きている。これは歴史的事実として日本の国内で起きたことですけれども、それに比べれば、もっと、ずっと程度が低いというか、緩《ゆる》いというか、「戦争時代だったら、あってもしかたがないかな」と思うようなレベルの問題ではあったんで。

綾織　まあ、朝鮮人虐殺のところは諸説ありますので、ちょっと……。

加藤紘一　だけど、そういう差別感が横行《おうこう》していて、実際、日本に住んでいた（朝鮮の）人たちが被害《ひがい》を受けたのは、そうだろうとは思いますけどねえ。

「アメリカが勝てなければ、中国の覇権《はけん》が成立するのかなあ」

立木　まあ、そういう歴史的な事実もあろうかとも思いますけれども、ただ、今、中国に関しましては、加藤先生も中国通でいらっしゃいますが、かなり、南シナ海とか、そのへんで、進出の動きを強めていまして。

加藤紘一　そうねえ。

立木　かつ、南シナ海で、中国が独自の境界線（「九段線」）を引き、その海域内で主張している権利については、国連海洋法条約に基《もと》づく仲裁裁判で、「国際法上の根拠がない」という判決が出ているにもかかわらず、「それをまったく無視する」という行動に出ているわけです。

加藤紘一　ええ、ええ。

立木　もし、加藤先生が今、日本の外交に関して何か判断されるお立場にいらっしゃったとしたら、中国に対して、どのように働きかけられますでしょうか。

加藤紘一　ああ、もう、「時代が変わったなあ」としか言いようがないですが。かつての日本が太平洋戦争で行《おこな》ったのと同じことを、今、中国がまねしたようにやって、かつての日本、「大日本帝国」を手本にして「大中華帝国《だいちゅうか》」をつくろうとしている」ようにしか見えないので。

綾織　「思想的には違う」と思いますけれども。

加藤紘一　違うんですかね。

綾織　ええ。

加藤紘一　でも、似たような……、まあ、まねしてるから、「同じようなことをしたがるのかな。戦争的にも同じようなところを攻《せ》めていくのかなあ」という感じはしておるので。

アメリカは、日本と戦って勝ったように、「もう一回戦、中国と戦って勝つ力があるのかな。どうなのかなあ」という感じで。「アメリカが勝つ力があれば押《お》しとどめられるだろうけど、その力がなければ、中国の覇権《はけん》が成立してしまうのかなあ」というような感じには見えますねえ。

これについては、本当に歴史が変わってしまって、何とも言えないんですけど。あるときにねえ、歴史を見ていると、本当に、ある国が強くなるんですよ。「強くなって、敵が出てきて、ライバルと競争して、勝てば覇権を確立し、負ければ敗れ去る」っていう歴史なので。

これは、いくら勉強しても勉強しても、やっぱり、「なぜそういうシステムになってくるのか」「どういう条件を満たせば勝つのか」っていうことは分からないものですねえ。

綾織　何か、若干《じゃっかん》、学者さんと話をしているような感じで……。

加藤紘一　そうなんです。まあ、そうでしょうね。他人事《ひとごと》ですよね。だから、やっぱり、自分で商売をやるようなタイプじゃないもので、どうしてもねえ。

綾織　ああ……。そもそも、政治家になるべきではなかった人なんですね。

加藤紘一　親父《おやじ》が政治家だからねえ、そうなったよな。「なるべきでなかった」と言われても、うーん……、まあ、そういう言い方をされたら、もうどうしようもありませんが。

「対ソ連」のためには、中国は味方にしたほうがよかった

立木　でも、防衛庁（当時）の長官もなされて、そのへんの安全保障的なことは、いろいろと経験していらっしゃると思うのですけれども。

加藤紘一　まあ、「日本が再び〝狼《おおかみ》〟になって、他国侵略《しんりゃく》みたいなことはしてはいけないな」とは思ってはおりましたけど、いや、「日本に攻められた国が〝狼〟になって、他国を侵略する場合、どうしたらいいか」っていうのは考えなかったので（苦笑）。

昔は、私の時代は……、まあ、何と言うか、私の政治家になる形成期は、どちらかといえば、ロシアが「仮想敵国」でね。ロシアが攻めてきたらどうする……、まあ、ロシアというかソ連だね。北海道なんかを中心にして、「ソ連からの防衛」が自衛隊の主とした任務であったので、「ずっと続いていた米ソの冷戦が本当に終わ

った」というのは、やっぱり、一つの境目《さかいめ》でしたよねえ。
だから、考え方は「対ソ連」だったので、「対ソ連」ということであれば、どちらかといえば、中国とか朝鮮半島は味方につけといたほうがいいわけでね。本当は、全部、向こうの共産主義のほうに染まりかかっていたものであるけど、「ちょっとでも、こちらのほうの陣営《じんえい》に引き入れたほうがいい」っていう考えはあったんですけどねえ。

斎藤　それは、当時、日本には、「中国を味方につけよう」という政治判断があったということですか。

加藤紘一　そう、そう。そう、そう。
いや、一九七二年の「日中国交回復」、それから、キッシンジャーの〝忍者外交《にんじゃがいこう》〟で、アメリカと中国が、突如《とつじょ》、国交を回復してしまったあたりは、基本的に、「対

●キッシンジャーの〝忍者外交〟　1971年、キッシンジャーは大統領補佐官として中国を極秘訪問し、米中国交正常化への道筋をつけた。翌1972年にニクソン大統領が中国を訪問し、第一次米中共同声明を発表。そして、カーター政権時代の1979年1月、米中は正式に国交を回復した。

ソ連封《ふう》じ込め」でしょ？　そういうことだから、理解はしましたよ。

そういう意味で、「対ソ防衛」ということであれば、日本の権益であったところの台湾とか、あのへんもね。かつての植民地であった台湾とかの（国交を）放棄《ほうき》してまで、中国と組まないと……。まあ、アメリカもしたし、そうせざるをえない。

「中国とソ連に組まれたら、ちょっとたまらない」というか、今のあなたがたが感じてるような脅威《きょうい》と同じものが、昔の時代もあって、「ソ連と中国が一緒になって攻めてくるっていうのは敵《かな》わん」ということだね。

朝鮮戦争でも、実際上、アメリカ軍は、ソ連等がバックアップしている中国共産党と戦わないといかんようなことがあったんで、「中ソの分離《ぶんり》をかける」っていう

中国を訪問し周恩来《しゅうおんらい》首相（右）と会談するキッシンジャー米大統領補佐官（1971年7月9日撮影）。

のは、やっぱり、大きなテーマだったんだよな。キッシンジャーの外交戦略自体は、けっこう長らく「外交のテキスト」として使えていたものではあるんでね。だから、九〇年ぐらいまでの考え方自体は、それ以外にはなかったんじゃないかという気はするんですけどねえ。

4　安倍《あべ》政権は「〝軽く〟見える」

「知の軽さ」が感じられる安倍首相

綾織　「リベラル政治家」としての加藤先生にお伺《うかが》いしたいと思います。

確かに、安倍《あべ》政権として、国防を強化していくこと自体は悪いことではないと思うんですけれども、そのプロセスには若干《じゃっかん》問題もありまして、「国が強ければ、それでいい。国民の幸福とか、そういうものは後回しでいいのだ」というような考え方が多少強くなってきています。

こうした点では、加藤先生が「安保《あんぽ》法制反対」と言われたことは、一部分は当たっているところもあるのかなと思います。

今日は、地上への最後のメッセージということですので、今の安倍政権をご覧になって、政界のみなさんやマスコミ、国民に何かおっしゃりたいことはありますでしょうか。

加藤紘一　安倍さんに、菅官房長官《すがかんぼうちょうかん》に、二階《にかい》幹事長。うーん……。いやあ、私たちから見るとねえ、すごく〝軽く〟見えるんですよね。「軽いなあ」っていうか、勉強をあんまりしないでやってる感じはするので。勉強していないがゆえに行動力が生まれるのかもしれないとも思うんですが、小渕《おぶち》政権や森《もり》政権の、〝さらなる亜流《ありゅう》〟が出てきたような感じに見えてしょうがないんですよ。「考え方の緻密《ちみつ》さとか重々《おもおも》しさがない」ので、そういう意味では、まあ、どっちに行くのも、政治選択《せんたく》としては自由なのかもしれないけど、本当に知らずにやってるような感じに見えることもそうとうあるので、「大丈夫《だいじょうぶ》かなあ」っていう。

綾織　はい。

加藤紘一　この国も大きいので、そう軽々しく動いてはいけないところもあるんだけど、なんかねえ、ちょっとヒトラーがさあ……。まあ、「ヒトラー」の名前を出すと、安倍さんはたぶん怒《おこ》ると思うけど、ヒトラーがさあ、貧乏《びんぼう》画家で売れなくて、挫折《ざせつ》感を青春期に味わってねえ。それで、ドイツ参謀《さんぼう》本部がエリートの集団で、ヒトラーは参謀本部が立ててくる戦略をことごとく却下《きゃっか》して、自分独自のやり方でやりたがったじゃないですか。

安倍さんを見てるとねえ、やっぱり、それみたいなことを思っちゃうんですよね。

綾織　はい、そうですね。

加藤紘一　そういう官僚《かんりょう》たちが立ててくる考えとか、オーソドックスな保守の考え方みたいなのを全部軽《かろ》んじて、「自分流に外交とかをパーッとやってしまって、脚《きゃっ》光《こう》を浴びて人気を取りたい」みたいなふうに見えてしかたがないんで。
個人的に屈折《くっせつ》してる部分が、「脚光を浴びたい」っていう気持ちになって、極端《きょくたん》なことをするんじゃないかという。そういう「知の軽さ」みたいなねえ、知恵《ちえ》というか、知識的には「勉強の軽さ」を感じるね。
だから、憲法改正なんかを論じるにしては、「本当に法学部で憲法を勉強した人なんだろうか」と思うようなところはありますよ、はっきり言ってね。あなたがたでも不安を感じるぐらいなんだから、そら、私たちはもっとそれは感じますよ。

「世界に責任を感じる立場にある国は、自分たちの立ち位置を知るべき」

斎藤　今、「安倍政権からは、考え方の緻密さや重さを感じない」というご感想のところで、非常に新しいヒントを頂いたような気がします。
今の政権を見たときに、「本来は、考え方の緻密さや重さというものが、どれだけ政治に影響《えいきょう》を与《あた》えうるのか」という点について、そのあるべき姿をお教えいただければと思います。

加藤紘一　うーん……、どうなんですかね。

世界に責任を感じるような立場にある国っていうのは、上下左右《じょうげさゆう》、いろんな角度から自分たちの立ち位置を、「歴史的」にも「現実的」にも知っていなきゃいけないんであって。

独裁者の国みたいなのはね、そんなことを考えなしに、独裁者の本能でパーッとやってしまって構わないんだろうと思いますけど、日本は、かつてのポル・ポトのカンボジアみたいな国でもないし、今の金正恩《キムジョンウン》の北朝鮮《きたちょうせん》でもないし、カダフィのリビアでもないし、アサドのシリアでもないからねえ。

だから、安倍さんのやろうとしていることは、アサドのシリアみたいなことのようにしか見えないんですよ、私らには。

やっぱり、「国の重さ」っていうのは、もうちょっとあるんじゃないかっていうの？　小さな独裁国で独裁者が自由に支配してやるっていうのは、まあ、分かるんだけど、「大きな国としては、ちょっとどうなんだろうか」というところはあります。

まあ、アメリカも〝際《きわ》どい〟ですけどねえ。トランプみたいな〝暴言王〟が急にスターダムにのし上がってきたので、よっぽど話題に事欠《こと》いてるか、飽《あ》き飽きして冒険《ぼうけん》したくなってきたか、ちょっと分からないですけど。

冒険するにしちゃあ、アメリカも大国すぎるんでね。ああいうスーパー大国が冒険主義をやっているときは、反作用としての被害《ひがい》がけっこう大きいかもしれないんで、やっぱり、慎重《しんちょう》でなきゃいけないなあと私は思うんですが……。

もう古くなりましたかね？　まあ、古いから、捨てられて死んだんでしょうけど。

綾織　「変えるべきところ」と「守るべきところ」ということではあると思います。

5 「ポピュリズムの時代」の政治をどう見るか

人気取りのポピュリズムは、結局、ファシズムにつながる恐《おそ》れがある

立木　今、「安倍《あべ》政権」に対して、批評していただきましたけれども、野党の「民進党」についてはいかがでしょうか。今、ちょうど党代表選をしていますけれども(収録時点)、このあたりの政治家のみなさんについては、どのようにご覧になっているんでしょうか。

加藤紘一　うん？

立木　民進党の蓮舫《れんほう》さんや前原誠司《まえはらせいじ》さんなどがいらっしゃいますけれども。

まあ、ある意味で、加藤先生のお考えに近い人たちではないですか。

加藤紘一　いや、そんなことないですよ。「近い」ってことはないよ。

立木　ああ、そうですか。

加藤紘一　そんなことはないですが。

まあ、蓮舫さんとかは、やっぱり、ちょっと異質感はありますよ、私から見ても。

あれは違《ちが》うと思う。違うっていうか、うーん、やっぱり、一種の「ポピュリズム」なんじゃないですかね、あれもね。安倍政権もポピュリズムかもしらんけども、あちらも、みんなの人気を博すようなことをやりたがる感じには見えますねえ。

民進党新代表の人気の秘密とその本心に迫る。
『蓮舫の守護霊霊言』
（幸福実現党刊）

立木　前原さんはいかがですか。

加藤紘一　前原さんねえ……。「人気ない」みたいだから（苦笑）、どうなんですかねえ。うーん。

まあ、性格的に近いと言われれば近いのかもしれないけど。人物としてはいい人なんでしょうけども、蓮舫さんが「謝《あやま》りすぎだ」とか言って、怒《おこ》られたりなさってるんでしょう？　まあ、そうだろうとは思うし（笑）。「岡田《おかだ》さんに魅力《みりょく》がなかった」って、まあ、そら、いかにもそうではありましたからねえ。

今は、「人気の時代」に入ったんですよね、政治もなあ。人気の時代ですけど、でも、結局、ポピュリズムは、ファシズムにつながるものでもあると思うんですよ、人気を取るようなことばっかりしたら。

だから、「戦争反対」って言ってる人だってね、例えば、戦争を始めてどっかで戦果をあげたりしたら、やんやの拍手喝采《はくしゅかっさい》に変わるんですよ。オリンピックの金メダルを取ったのと同じで、（手を叩《たた》きながら）ワーッていう。

今、「戦争反対だ」とか言ってるような人だってねえ、「自衛隊が突如《とつじょ》、どっかを急襲《きゅうしゅう》して追い散らかした」とかいうようなことをやったら、左翼《さよく》をしてた人が急に右翼に変わる。それがポピュリズムですよ。

だけど、それは気をつけないと。それで政治家が味をしめると、「ナチズム」のほうへ行くんですよ。

だから、改憲論者で、保守のかなり右に寄ってると思われるようなあなたがたでも、安倍政権が憲法九十六条の手続法のほうを改正して、「半分の支持で、改憲の提案ができる」っていうので〝一発でやっちゃおうとしてる〟んで、さすがに危険を感じて賛成はしなかったんでしょう？

そらあ、やっぱり、いくら思想は自由といっても、大川隆法さんだって東大法学部で勉強しただけあって、それはさすがに怖《こわ》いんじゃないかと思ったんでしょう。

「憲法改正をするのに、個別の各条の問題について議論して、改正するかどうかを考えるべきであって、（憲法改正の発議《ほつぎ》の）手続きを（衆参各議院の総議員の）半分（過半数でできるよう）にして、法律と同じようにジャンジャン憲法を変えられるというのは、さすがに怖い」って感じるだけの、知的な重みはあるんでしょう。そういうものが、安倍さんとか菅《すが》さんとかにはないから、だから、怖いですよね。明らかに、自分たちにとって都合《つごう》のいいようにしようとしているから。これに、ポピュリズムで輪をかけられていくと、怖いですよねえ。

民主主義における「ポピュリズムの正体」とは

立木　民主主義で選挙をやっている以上、ある意味で、ポピュリズムは避《さ》けられないといいますか、「人気を取らないと票が入らない」という難しい部分があると思います。そういう、選挙を前提にした民主主義でありながら、「ポピュリズムの罠《わな》」に陥《おちい》らないためには、どういう考え方や条件が必要だとお考えでしょうか。

加藤紘一　いやあ、それは難しいですよ。（立木に）だから、なぜあなたとかがね、幸福実現党の党首をして全然勝てないのかが、私にはさっぱり分からないんで。もうちょっと人気が出てもいい。ねえ？　ルックスはいいのにねえ。ルックスも経歴もいいのに、どうしてみんなから嫌《きら》われるのか、さっぱり私には分からないので。

綾織　いや、嫌われてはいないです。

加藤紘一　え？　いや、嫌われてるね、はっきり言って。

斎藤　（苦笑）

加藤紘一　それは、やっぱりね、政治家の息子《むすこ》に生まれなかったか、政治家の娘《むすめ》と結婚《けっこん》しなかったがゆえに駄目《だめ》なんですよね。

その二つ、どっちかの条件を満たしておれば、プラスアルファの予備軍がついてくるので、もうちょっと押《お》し上げる力がつくんですけど、自分一人で戦おうとすると、「ポピュリズムの壁《かべ》」が当たる。

だから、あんたは俳優にでもなって鍛《きた》えておれば、もうちょっと票が取れたかもしれないけど、そういうほうで自分を鍛えなかったがゆえに、やっぱり、人気が出ない。

立木　私個人の話というよりは（苦笑）、政治全体としての考え方や条件とか……。

加藤紘一　えっ？　何、何、何、何、何？

立木　要するに、ポピュリズムを乗り越《こ》えるための条件といいますか……。

加藤紘一　いや、無理ですよ。今、「ポピュリズムの時代」ですから。新聞だけだと、もう、テレビの……。

だいたい、新聞だけだと、そうは言えないんですがね。新聞だけだと、活字文化はちょっと〝重い〟ですから、やっぱり読み砕《くだ》かないと駄目なので。

まあ、朝日新聞とかでも偉《えら》そうに言ってるけど、「一般《いっぱん》大衆目線とは言えない」ですよね。一般大衆で朝日新聞を読み抜《ぬ》けるとは思えなくて、知識階層を指導しようとしていますよね。

だから、難しいですね、「朝日」から「岩波」の路線とかは。エリート扱《あつか》いですよね。エリートのところを一部つかんでコントロールすれば、そっちに引っ張っていけると思ってるから。

裁判官とかも朝日の（記事を）読んで判決するし、政治家も、私らが育ってきた時代は、「朝日の一面で疑惑《ぎわく》を報じられたら、すぐ辞任」って、まあ、だいたいそういうもんでしたから。

だから、「ポピュリズムの時代」っていうのは、やっぱり、テレビ文化の普及《ふきゅう》とそうとう関係があると思う。

まあ、それに関して、今、「インターネットの時代に、それをもうちょっと粉砕《ふんさい》できるかどうか」っていうチャレンジは来てるんだけど、ツールが多様化すると力は小さくなるんで。「ゲリラ攻撃《こうげき》はできるけど、数においては、なかなか大軍には勝てない」っていうところは、まだまだあるみたいですねえ。まあ、経営危機がメディアにも来れば、もうちょっと腰《こし》は低くなるかもしらんけど。

だから、ポピュリズムの正体は、ほとんど「テレビ文化」だと思いますよ、私は。テレビで人気が出るかどうかっていうのは、「政治家として有能か」「官僚《かんりょう》として有能か」、あるいは、「医者として有能か」と、関係ないでしょう?

立木　確かに、小泉《こいずみ》元首相は、「ワンフレーズ・ポリティクス」といって、テレビでワンフレーズを言うのが非常に受けていました。

加藤紘一　そう、そう。

テレビと新聞に左右されない「田舎《いなか》型ポピュリズム」

斎藤　そうすると、テレビに出たり、地盤《じばん》がある二世議員で出たりしないと、今の政治では勝ちにくいという状況《じょうきょう》があるということですか。

加藤紘一　テレビの人気がなくても、例えば、政治家の息子、まあ、娘もあるけど、そんなのとかで生まれたりすれば、「地盤」っていうのが続くので、今まで藩主《はんしゅ》に仕《つか》えてたような感じが残るんですよ。だから、それにしとけば、同じようなところに……、なんか、今まで投票し続けてたのが〝死なない〟みたいなところがあって。

まあ、地方出身の議員の場合は、必ずそうなるよね。

都市票は、やっぱり安定しない。都市票は入れ替《か》わるので、安定しませんので。都市部から出て総理になった人は、今までいないですよね。みんな、ちゃんと安定して勝ち続けるには、地盤は、地方でなきゃ絶対駄目なので。

だから、地方のほうは、テレビと新聞だけでは動かないところがあるんですよ。

まあ、〝全国テレビ〟があってもですね、地方版のテレビがあるわけですよ。地方版のテレビは、基本的に「地元型保守」なんですよね（笑）。やっぱり、地元の名士とかを基本的には護《まも》るので。だから、地元新聞、地方紙もそうですけど、地元の名士を護るので、そこでよく名前が出てますから、護られる。全国紙でいくら批判されても、例えば、「田中角栄《たなかかくえい》さんが朝日新聞からボロボロに言われても、新潟《にいがた》三区では地元が護り続ける」っていうようなところはあるんでねえ。

まあ、そういうところで、田舎《いなか》の、地方では必ずしも「都市型ポピュリズム」は通じないけれども、「田舎型ポピュリズム」はあるわけですよ。だから、農業や漁業の振興《しんこう》とか、こういうところで護ってやったり、仕事を増やしてやったり、建設業を持ってきてやったり、いろいろするとね。そういう「田舎型ポピュリズム」は存在するんですが、「都市型」とは必ずしも一致《いっち》はしないですね。

自民党のリーダーの選ばれ方に対する見解

綾織　その「重い・軽い」というところで言うと、加藤先生は、これからの自民党のリーダーのなかで、誰《だれ》か期待されている方はいますか。

加藤紘一　谷垣《たにがき》さんも、あんなになっちゃったからねえ。

綾織　ええ、かなり厳しい状況ですね。

加藤紘一　あの人が残っておれば、まあ、東大法学部を出て、弁護士をしていたから、「法律的に、ちょっとそれは行きすぎじゃないですか」ぐらいのコントロールは、少しは言ったんじゃないかとは思うんだけど。

綾織　うーん。

加藤紘一　今の体制は、さらに何か軽くなっていきそうな流れですよねえ。で、うるさいやつは排除《はいじょ》していこうとしている感じが、はっきりしているので。

綾織　なるほど。

加藤紘一　安倍さんに、（忠犬のように）「ワン、ワン」と言わないかぎりは駄目な感じにはなってますすよね。

だから、こういう「名望家《めいぼうか》政治」ですよね。世襲制政治のなかの、マックス・ウエーバーが言っている、「血統《けっとう》カリスマ」ですよねえ。ある意味では、もう皇室とほとんど同じになってはいますよね。

綾織　ああ。

加藤紘一　だから、皇室も選べないですけど、ここも「選べない力」が働いていますよね。

「もし、あれ（安倍首相）が、岸《きし》、佐藤《さとう》の血を引いていなかったら」っていうことであったら、政治家になれたかどうかさえ、やっぱり怪《あや》しいんだと思いますから。それだけ〝ジャンプできる〟んですよね。

（立木に）あんただって、岸、佐藤の血統で、孫ぐらいで生まれとれば、もう総理大臣ですよ。それはそうですよ。

6　天皇陛下《へいか》の「生前退位《せいぜんたいい》」について訊《き》く

「皇室に失礼のないかたちで、やらねばならん」

立木　今、皇室のお話が出ましたけど、今、「今上《きんじょう》天皇陛下《へいか》の生前退位《せいぜんたいい》」に関して、政界やマスコミがいろいろ揺《ゆ》れています。さらには、永続的に皇室が続くのかどうかということで、「女性宮家《みやけ》」の問題や「女性天皇」の問題などが議論されてきました。

　このあたりに関して、加藤先生には何かお考えがおありでしょうか。

加藤紘一　ハアーッ（ため息）。まあ、皇室は難しい

報道では知りえない天皇陛下のご本心とは。
『今上天皇の「生前退位」報道の真意を探る』
（幸福の科学出版刊）

からねえ、扱《あつか》いが。うーん……。

ただ、何て言うかねえ、「皇室にあんまり反対というか、アンチの立場を取って、政権は取れない」っていうことは明らかなんですよね。これは、公明党でさえ分かったんで。

最初のころは、すごく軽《かろ》んじてましたですけど、「皇室に対してあんまり反対するような立場を取れば危ない。政治的には勝てない」っていうことは分かったので、公明党でも変えて。

共産党でさえ、最近何か、少しは色目《いろめ》を使ったりもし始めてはいるぐらいで。政権に意欲を見せ始めたからね。まあ、そういうこともあるんで。

やっぱり、二千七百年か何か知らんけども、その長い二千年以上の伝統を簡単に捨ててしまうっていうのは、それは暴挙《ぼうきょ》で。ネロ帝《てい》か、秦《しん》の始皇帝《しこうてい》並みの暴政をイメージさせるでしょうから。それは、手を出さないのが安全でしょうね。

だから、なるべく国民の合意を取れる方向でやっていったらいいと思うが。

まあ、国民は全体的に、「お疲《つか》れで、『ご退位なされたい』って言うんなら、それはしかたがないんじゃないですか」っていうかたちには行っているけども、皇室にあんまり失礼のないようなかたちで、やらねばならんと思いますがねえ。

まあ、政治的な意図があるのかどうかについては読みかねるところがありますけども。

私も、七十七で死ぬぐらいですから、八十二にもなったらもう……。あと、大きな病気もなさっていますからねえ。「もう、いつ死ぬか分からない」と思って、そういう危険を感じつつも、いろんなところへ行っては……。やっぱり、体が動く方のようで、天皇陛下はねえ。

だから、いろんな、「えっ、どうしてこんなところに出られるんだろう」と思うようなところまで行かれるでしょう？　国体みたいなものも行かれるし、〝海開き〟みたいなのでも行かれたり、いっぱい出られるんで。

「天皇の自己認識」と「行動」の関係について

加藤紘一　まあ、どうなんですかね。皇居のなかにずーっといるのは、ストレスなのかもしれませんけどねえ。だから、外へ出たくなるのかもしれませんけどねえ。

ちょっと、でも、自分からご負担を増やしておられるようなところはあるので、「仕事をもうちょっと減らす」という考え方もあるんだけど、それもプライドが許さないんでしょうから。

うーん……、まあ、同世代の八十二ぐらいの方で、第一線で働けてる人っていうのは、もう数えるほどしかいませんのでねえ。

やっぱり、年相応の重みはかかっているんじゃないかなあとは思うんですけどね。だから、宮中で天皇陛下がデンと構えておられて、「ご存在されるだけで構わない」、「日本の象徴《しょうちょう》です」ということで自己認識されて納得《なっとく》されていれば、亡《な》くなるまでやれるんだと思うけど。

綾織　はい。

加藤紘一　今のように、「回らなきゃいけないんだ。回らなきゃいけないんだ」っていうようなところが、すごく強迫《きょうはく》観念みたいになっておられるから。あれだったら、年を取られたら、必ず厳しくなりますよね。まあ、そういうことなんじゃないでしょうかねえ。

だから、「皇室で、おられるだけで結構なんです」「存在されるだけでいいんです」という感じになればいいんだけど、「働いているところを見せないと、国民の象徴じゃない」というように理解しておられるところの問題でしょ？

でも、（天皇陛下に）説得もできないんでしょ？　これ、説得できる人もいないんだろうから。

まあ、これは、安倍《あべ》さんに投げかけられたら「難題」でしょうね。

綾織　まあ、天皇陛下は、安倍さんともちょっと考え方が違《ちが》っているようですので、これは非常に大きな……。

加藤紘一　いや、安倍さんもまた、グルグル動く人だからね。あちこち行って、顔を売って回る方だから。

ちょっと何か、ミズスマシみたいな、二重に回ってる感じですよね。

7 加藤氏の政治思想は「仏陀《ぶっだ》の思想と変わらない」!?

加藤紘一氏の過去世《かこぜ》を探《さぐ》る

斎藤　これまで、「ご自身の考え方」について、だいぶ聞いてきましたが、政治家としては珍《めずら》しく、話していると非常にゆったりしてきて、だんだん普通《ふつう》にこう……。

加藤紘一　ああ、眠《ねむ》くなってくるか。

斎藤　いや、眠くなるっていうか（笑）、「話しやすい方《かた》である」っていうことが非常に珍しいケースなので……。

加藤紘一　あぁー。

斎藤　何か非常に「ご縁《えん》を感じる」というかですねえ、延々《えんえん》とこのまま二、三時間話しても疲《つか》れない感じを受けるっていうのは非常に珍しいので。

加藤紘一　疲れてくださいよ。死んで三日なんですから。

斎藤　（笑）いやいや、非常に特異《とくい》な感じがします。

加藤紘一　そういう〝不成仏霊《ふじょうぶつれい》〟が出てきたんなら、みんな〝お疲れ〟になって構わないんですよ。

斎藤　いや。それでですねえ、「考え方」として、きっと本題の話とも呼応《こおう》するようになる点だと思うので、お聞きしたいと思います。
死後、大悟館《たいごかん》という聖域《せいいき》にお越《こ》しになられて、「大川隆法総裁と直接お話をしたい」というご要望を持たれる方は多いんですけれども、本当に実現できる方はなかなか珍しいんですね。
例えば、以前、「昭和のマドンナ」といわれた女優の原節子《はらせつこ》さんも、死後に「来たい」と言ったけれども、「ちょっと、控《ひか》えの間《ま》に」ということで……。

加藤紘一　まあ、九十じゃねえ。

斎藤　いえいえ（笑）。まあ、九十歳《さい》は、そうですけど。

加藤紘一　そらあ、若けりゃ、喜んで入れたんじゃないですか（笑）。

斎藤　まあ、〝力〟で突破《とっぱ》してきたのは、横綱《よこづな》の北《きた》の湖《うみ》とか千代《ちよ》の富士《ふじ》とかで、こういう方々は強力な念力《ねんりき》を持っておられるので。結界《けっかい》を破ってグーッと入ってくるような方も、なかにはいらっしゃいます。

加藤紘一　あぁー。

斎藤　ただですねえ、加藤先生の場合、「非常に仏縁《ぶつえん》がある」というような、幸福の科学の霊査《れいさ》、リーディングというのも一部あるわけです。

加藤紘一　うーん。

斎藤　そうした「ご縁」というのも、今回のお話のなかで明らかにしていきたい点でございます。

加藤紘一　そらあ、君たちも、そういうのを活字にした以上、責任は多少あるしな。

斎藤　はい。「ザ・リバティ」という雑誌がありまして。

加藤紘一　ええ、知ってますよ。

斎藤　現在は、綾織が編集長をやっておりますけど。

加藤紘一　今はよくなったですね。昔は、もうちょっとマンガみたいなのが多かったんですが、「リバティ」もねえ。

斎藤　ほお。

加藤紘一　絵がいっぱい入ってねえ、マンガみたいなのが多かったんですがねえ。

斎藤　ええ。ずいぶん前なんですけど、加藤紘一氏の過去世《かこぜ》が載《の》ったことがありました。

それによると、仏教とのご縁があって、「二千六百年前、インドの十六国時代に、大国であったコーサラ国とマガダ国のうち、コーサラ国の王様をされていたのではないか」ということでした。

加藤紘一　うん、うーん。

斎藤　要するに、「波斯匿王《はしのくおう》」ですね。まあ、プラセーナジット王ともいいますけれども、この王様として、仏陀《ぶっだ》が立てた教団を護持《ごじ》されていました。

また、スポンサーとしてというか（笑）、お布施《ふせ》をされまして、法が広まるのを支援《しえん》されていたということです。

加藤紘一　うーん。

斎藤　そのように、仏陀を外護《げご》されていた王であったわけですが、今、亡《な》くなって三日後に、こうしてフッとこちらの霊域《れいいき》にお入りになられて、普通にお語りになられる〝心の調べ〟というか〝波動《はどう》〟というものには、非常に親和性《しんわせい》があるようにも感じます。

このあたりの「仏陀とのご縁」は、いかがなんでしょうか。

加藤紘一　いやあ、祇園精舎《ぎおんしょうじゃ》で、仏陀の説法《せっぽう》を聴《き》いてましたよ。

斎藤　え？　ああ、そうですか。

加藤紘一　本当に聴いてましたよ、私も。

死後、明確になったインド時代の記憶《きおく》

斎藤　祇園精舎は、あれですよねえ、もしかしたらお布施をされたりとか……（笑）。

加藤紘一　ええ、しましたよ。

斎藤　寄進を？

加藤紘一　だから、息子《むすこ》が持ってた土地ですから、あそこはね。

斎藤　息子？

加藤紘一　ええ。

斎藤　息子というと、「ジェータ太子《たいし》」という方が有名ですけれども。

加藤紘一　うん。山本無執《やまもとむしゅう》さんっていう理事長（の過去世）ですね、おたくの元《もと》ね。

斎藤　えっ？

加藤紘一　あれ、息子ですから。

斎藤　息子なんですか！

加藤紘一　はい、私の息子です。

斎藤　ああー……。仏教では有名な、スダッタ長者《ちょうじゃ》の、寄進したエピソードのある……。

加藤紘一　そう、スダッタとジェータでね、あれ（祇園精舎）を……。

スダッタが黄金を（地面に）敷《し》き詰《つ》めてね。ジェータは、最初、「（土地を）売らない」って言ってたんだけど、「黄金を敷き詰めても売らない」みたいな言い方をしたのを、まあ、調停《ちょうてい》する人がいて。

実際に、スダッタが、家の蔵《くら》から金貨を出して敷き詰め始めたんで。それで、「（ジェータに）おまえ、いったん条件を出したじゃないか」と。「『黄金を敷き詰めても売らない』みたいな言い方をしたけど、今、値段を提示したんだ。敷き詰めることができたら、それは売らなきゃ駄目《だめ》だ」みたいなことを調停する人がいてね。

まあ、ザーッと敷いて、最後のほうになって、入り口のところで、「もうやめてくれ」ということをジェータが言って、「そこは私が寄進するから」ということで。

それで、スダッタ、ジェータで寄進したのが、「祇園精舎」ですね。

だから、私の王子の一人ですけどもね。

その方が王でも継《つ》いでおれば、釈迦国《しゃかこく》の悲劇もなかった可能性はあるんですけども。残念ながら、ヴィドゥーダバ一派に、そのあと殺されているので、ここ（ジェータ太子）も。

ジェータ太子とスダッタ長者による祇園精舎の寄進を描いたレリーフ。スダッタ長者（中央下部）が取り寄せた黄金が地面に敷き詰められている。（『仏教文化事典』より、インド博物館蔵）

斎藤　うーん。

加藤紘一　私もですねえ、王位簒奪《さんだつ》されまして、命からがら、結局、落ち延《の》びることになって、最後、遠戚《えんせき》でもあるんだけども、敵国だったマガダまで逃《に》げていってですねえ、マガダの城門まで行って、「開けてくれ」と。「コーサラの国王だ。波斯匿王だ。開けてくれ」って言って、やったんだけども、そこで命を落とす結果になって。まあ、よく交戦してましたからね。

綾織　うーん。ここまでおっしゃるっていうことは、それなりに真実性があるんだなと感じます。

加藤紘一　いや、私にはその記憶《きおく》はあります。

綾織　ああ、なるほど。

加藤紘一　だから、（今世《こんぜ》）生きてたときには、その記憶はなかったけれども、死んだら、その記憶は全部つながってきました。

加藤紘一氏の霊《れい》が語る「仏陀《ぶっだ》の姿」

綾織　そうであるならば、失礼ながら、「今世とのギャップ」についてはどうお考えですか。

加藤紘一　でも、今世の政治思想は、「仏陀《ぶっだ》の思想」と変わらないんですけど（笑）。こういう教えを説いておられたんだ、「●諸行無常《しょぎょうむじょう》で滅《ほろ》びていくもの」を。だから、仏陀の政治思想を受け取ると、だいたい国はみんな滅びていってるんで。

●諸行無常　仏教の教えの旗印《はたじるし》である「三法印《さんぼういん》」の第一。「この世のすべてのものは移ろいゆくものであり、これにとらわれることなかれ」という教え。

斎藤　（苦笑）

加藤紘一　私も滅びたし、マガダ国も滅びたし、みんな滅びて、悪王みたいな念力の強いのが乗っ取ってくるっていうのは……。

綾織　まあ、仏陀時代はそうかもしれませんが、今世、大川隆法総裁として教えを説かれてますので。

加藤紘一　うーん。

波斯匿王《はしのくおう》が四頭立ての馬車に乗り、仏陀のもとを訪れる様子を描いたレリーフ（『ブッダの世界』より、インド博物館蔵）。

綾織　やっぱり、その部分をどれだけ吸収して、行動するかということですよね。

加藤紘一　まあ、「民主主義の時代には、昔みたいにはいかなかった」っていうところでしょうねえ。

だから、（当時のインドは十六国もあり）〝小さい皇室〟がいっぱいあったようなもんでしょうから。まあ、それで、あのときはできたんだけども、今はちょっと同じようにはいかなかったっていうこと。

それと、その気質だけで見りゃあ、やっぱり、「学者」か「文化人」のほうの気質にちょっと近かったんでしょうね。だから、現実的な腕力《わんりょく》が、そんなに強くはなかったっていうことですかねえ。

仏陀に帰依《きえ》した私も、非業《ひごう》の最期《さいご》ですし、祇園精舎をお布施した王子（ジェータ）も殺されているし。

綾織　うーん。

加藤紘一　それから、先ほど言った、阿闍世《あじゃせ》の手によって（殺された）ビンビサーラ王ですよね。仏教徒にとっては有名すぎるぐらいの。

綾織　はい。

加藤紘一　まあ、マガダは最強国だったかもしれませんけども、そのとき、仏陀に帰依したビンビサーラは、仏陀の名前を、ものすごく上げてですねえ。

要するに、（仏陀は）マガダ国の政治顧問《こもん》にもなっていたぐらいの方で、マガダ国の政治顧問をしながら、コーサラ国にも来て法を説いてた。

マガダ国の首都ラージャグリハの東北に位置する霊鷲山《りょうじゅせん》。仏陀はこの説法壇で「無量寿経《むりょうじゅきょう》」や「法華経」を説いたと伝えられている。当時、ビンビサーラ王も車を降りて、この参道を登ったという。

だから、二つの敵対してた二大国、要するに今だったら「米ソ」みたいな……。
いや、「米ソ」じゃなくて、「中ソ」……。

斎藤　中ソ？

加藤紘一　ああ、違《ちが》う、「米中」です。「米中」みたいなものの、両方の政治顧問をしてたようなのが仏陀の立場だったんで。

綾織　ええ。

加藤紘一　それで、どちらでも、命を狙《ねら》われもしないで、その悪王……、私らを追放して乗っ取った、ヴィドゥーダバでさえ、仏陀（のこと）はいちおう尊敬して、仏陀が止《と》めたときには軍隊を引き返した。「三回も引き返した」って言われるぐらいなので。まあ、(仏陀には)そういう〝超越《ちょうえつ》したもの〟はあったと思いますね。

綾織　うーん。

加藤紘一　だから、その「仏陀の教え」から見ると、基本的に、争いは好まなかったし、やっぱり、「平和」を中心に、「民主主義的な思想」を持ってましたよね。階級制(カースト制)みたいなのも、どちらかというと、あんまり好きでなくて。自分の身分を捨てた方でもあるけれども、十大弟子《でし》とか、ああいうふうな方々も、その出身はバラバラですよね。

仏陀教団は、バラモン出身の人もいるけど、クシャトリヤ、つまり、王侯《おうこう》、武士階級も多かったし、バイシャ、商人階級もいたし、それから、シュードラ(奴隷《どれい》階級)もいた。「ずっと身分が低くても、先に出家《しゅっけ》した人が先輩《せんぱい》として立たなきゃいけない」みたいなのもあったので。

そういう非常に平等的、民主主義的な考え方もあったんで、政治思想だけを汲《く》み取れば、やっぱりそれは、(日本の)「民進党」や、アメリカの「民主党」のほうに、やや近いんではないかなあと思う。

8　過去世《かこぜ》で仏縁《ぶつえん》のあった自民党政治家たち

船田元《ふなだはじめ》氏の過去世は「ビンビサーラ王」？

斎藤　転生《てんしょう》についてですが、大川隆法総裁の霊査《れいさ》によると、「大国」「最強国」と言われたマガダ国のビンビサーラ王が、現世《げんせ》に転生されて、それが自民党の船田元《ふなだはじめ》議員であるとのことでした（「ザ・リバティ」一九九五年九月号参照）。それについては、いかがでしょうか。

加藤紘一　いやあ、お互《たが》いもう力がないので。そんなに彼も力があんまりないので。ええ。

斎藤　やっぱり、霊的な視点で見たときには、「二千六百年前に仏陀《ぶっだ》が下《げ》生《しょう》された周《まわ》りで、教えを受けた政治家の方々が、現代にもう一回生まれ変わって、外護《げご》していく」というような計画もあったんでしょうか。

加藤紘一　まあ、船田さんのほうは、宇都宮《うつのみや》中心に活動しておられるから、あなたがたが、あちらに本山をつくったんでしょう？

斎藤　はい。大川隆法総裁が、総本《そうほん》

1996年、栃木県宇都宮市に総本山・正心館が落慶（左上）。97年には同市内に未来館（右上）、98年には同県日光市に日光精舎（左下）、2004年には同県那須町に四番目の総本山として那須精舎（右下）が落慶した。

山《ざん》を開山《かいざん》されました。

加藤紘一　その意味では、確かに多少、地縁《ちえん》ができたから、多少の〝あれ〟はあるんじゃないですか、縁が。

私のほうの山形は、ちょっと遠うございまして。大川先生は、あんまり来ておられないでしょう、山形はね。講演会は、数がすごく少ないですから、まあ、あれですけど。

斎藤　先ほどの悪王と言われたヴィドゥーダバですが、コーサラ国で波斯匿王《はしのくおう》様の王子で生まれました。

また、一方の流れとして、マガダ国のビンビサーラ王の王子には、阿闍世王《あじゃせおう》がいらっしゃいます。

総本山・正心館の境内《けいだい》にある「ネパール釈尊館」では、ネパール最古の寺院であるハラティ・マタ寺院の復元をはじめ、さまざまな仏教美術品が展示されている。

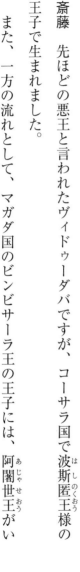

加藤紘一　うん。

斎藤　霊査によると、阿闍世王も日本に転生されまして、元・自民党の小沢一郎《おざわいちろう》議員だったという話もあるんですけれども（『小沢一郎の本心に迫《せま》る』〔幸福実現党刊〕参照）。

加藤紘一　まあ、〝悪党〟ということでしょ？

斎藤　（苦笑）悪党ということではなくて、そういう霊的な真実から見てそうなんでしょうか。

仏陀のもとを訪れる阿闍世王を描いたレリーフ（『ブッダの世界』より、インド博物館蔵）。

加藤紘一　そのものズバリじゃないですか。

斎藤　そのものズバリ？

加藤紘一　悪党じゃないですか。

斎藤　本当に、霊的にそういう構図なんですか。

加藤紘一　下剋上《げこくじょう》でやるようなタイプでしょう？　あれは。まさしく、そのとおりじゃないですか。

斎藤　はあぁ……。じゃあ、この霊査は本当ということで……。

阿闍世王（右）が提婆達多（左）と謀略をめぐらせるシーン。映画「黄金の法」（大川隆法製作総指揮、2003年公開、東映）より。

加藤紘一　だけど、仏縁《ぶつえん》というか、信仰心《しんこうしん》がないわけじゃないんです、あの人は。持ってはいますよ。ただ、我欲《がよく》が強かったからね。

でも、今、年取ったから、かなり弱くはなってるね。

斎藤　そうですね。

加藤紘一　我欲が少し薄《うす》くなってるんじゃないですか。もう潰《つぶ》れかけでしょ？　政党も。議員生命も、もう終わりかかってるから。

まあ、最後に、多少はまともになって死ぬといいですね。

斎藤　ええ、もうほんとに仏教に帰依《きえ》してですねえ、まあ、幸福の科学に帰依していただくといいですね。

四千三百年前のギリシャにも生まれて文化面で活躍《かつやく》していた

加藤紘一　たぶん、幸福の科学の政治のところはねえ、仏陀のじゃなくて、ヘルメスのほうが出てるんですよ。

斎藤　ヘルメスが出てる？

加藤紘一　うん。（幸福の科学の）政治のところは、ヘルメスが出てるんだと思う。「政治経済」は、ヘルメスの時代のが出てると思いますね。

ヘルメスの時代は、領土を広げていますし、経済的にも、そういうふうに交流してますので、こちらのほうの才能が出てるんだと思いますね。

綾織　ヘルメス時代も、ご存じなんですか。

加藤紘一　ええ、知ってますよ。

綾織　そこで、部下の一人としていらっしゃったんですか。

加藤紘一　まあ、直接の部下だったとは言えないかもしれないですが、ヘルメスの王国の時代は知ってる者の一人です。

斎藤　四千三百年前、ギリシャに生まれていたんですか。

ヘルメス　一般にはギリシャ神話におけるオリンポス十二神の一柱《いっちゅう》とされているが、霊的真実としては、約4300年前、「愛」と「発展」の教えを説いた宗教家にして、全ギリシャを統一した王。貨幣経済や国家間貿易の仕組みを発明して、地中海に一大繁栄圏を築き、西洋文明の源流となった実在の英雄。エル・カンターレの分身の一人。(写真は幸福の科学・大阪正心館屋上のヘルメス像)

加藤紘一　うーん、まあ、「いた」と思いますよ。

斎藤　大臣とか、国王とか、何かそういうお立場で、やはり国民《くにたみ》を護《まも》って、政《まつりごと》をされていたんですか。

加藤紘一　うーん。どっちかといえば、「学者」だったかなあ。

斎藤　学者？

綾織　ああ。なるほど。

斎藤　ヘルメス時代は学者だったんですか。

加藤紘一　学者なんじゃないかねえ。

斎藤　はあ……。

加藤紘一　外国語に堪能《たんのう》だったんで。

斎藤　そうですね。今世《こんぜ》も、日本語のほかにも、中国語、英語といろいろと話せて……。

加藤紘一　あの時代もねえ、いろんな国を支配したり、まあ、交流したり、貿易もしたりしてたから。語学は、けっこう必要な時代だったんで。どっちかといえば、学者に近いかな。

斎藤　なるほど。

綾織　釈尊《しゃくそん》時代に戻《もど》るんですけれども、父王のシュッドーダナ王がチャーチルとして転生されているといいますが、これは間違《まちが》いないですか（『「忍耐《にんたい》の時代」の外交戦略　チャーチルの霊言《れいげん》』〔幸福の科学出版刊〕参照）。

加藤紘一　ああ、そういうこともちょっと聞きましたですけど。

チャーチルさん、よかったですねえ。（戦争に）〝勝てて〟ねえ。それは、よかった。

シュッドーダナ王（前７世紀頃）
古代インドのコーサラ国の属国であるカピラヴァスツの釈迦族の王。釈尊の実父。息子の出家には反対し続けたが、後《のち》に、５人の比丘《びく》を遣わせてゴータマの警護に当たらせたとも言われる。

ヒトラーからイギリスを護ったチャーチルに、日本外交の指針を訊く。
『「忍耐の時代」の外交戦略　チャーチルの霊言』（幸福の科学出版刊）

綾織　では、チャーチルのほうは、お釈迦《しゃか》様の思想ではないかたちですね？

加藤紘一　うーん、何か〝別のもの〟が、また入ったんでしょうね（苦笑）。お釈迦様の思想だけだったら、あっちも危ないはずなんですが。

幸福の科学と親和性があった自民党の政治家たち

斎藤　日本の政界を見ますと、仏陀と縁のある方々がお生まれになっているっていうことが、霊査の結果、少しずつ少しずつ分析《ぶんせき》的に見えてきたんですけれども。もう一人、代表する方として、三塚博《みつづかひろし》議員がいらっしゃいまして……。

加藤紘一　ああ。

斎藤　この方が、アムリトダナ王、甘露飯王《かんろぼんおう》といわれますけれども。

こうした仏陀と縁のある方で、過去世《かこぜ》では血族《けつぞく》で生まれていたということがあったんですけれども、それはご存じですか（『元大蔵大臣・三塚博「政治家の使命」を語る』〔幸福の科学出版刊〕参照）。

加藤紘一　ああ、（釈尊の）〝叔父《おじ》さん〟か何かだったかな？

斎藤　はい。〝叔父さん〟に当たる方《かた》です。

加藤紘一　ああ、うん。そうなんじゃないですか。たぶんね。うん。

斎藤　霊的な話になりますが、こうした、二千六百年前の仏陀の教えを受けた一群の方々は、今世《こんぜ》、共に生まれてきて、国政を担《にな》い、そこに仏陀の教えを生かすとい

自民党幹事長や大蔵大臣を歴任した三塚氏の霊が語る、「政治と宗教」の正しいあり方。
『元大蔵大臣・三塚博「政治家の使命」を語る』（幸福の科学出版刊）

うような人生計画もあったんでしょうか。

加藤紘一　まあ、あなたがたから見れば、私たちは、まったくの〝無力〟なんでしょうけども、私たちが、ある程度の実力者として政界に存在してたっていうことは、幸福の科学は、間接的には護られていたと思いますよ。

斎藤　え？　どういうことですか。護られていた？

加藤紘一　あなたがたは、まったく気がつかないだろうと思うけども、九一年の宗教法人設立以降、もう、二十五年たってますけれども、極端《きょくたん》な弾圧《だんあつ》も受けずにきたでしょ？

だけど、ほかの宗教は、けっこう、もっと激しくやられて、教祖が逮捕《たいほ》されたりですねえ、教団を潰すようなことまで起きたりしてるし、戦前でも、起きてるね？　戦後も起きてるけど、戦前でも起きてるし、明治時代でも起きてるけれども。あなたがたが、この二十五年、あるいは、三十年ですか。まあ、平和裡《り》に日本のなかで教勢を拡大できたのは、間接的に、そうした政治関係の人たちがですねえ、やっぱり親和性を持ってたところが大きかったんだということは知ってもらいたいなあというふうに思いますよ。

だって、私の〝師匠《ししょう》〟というか、まあ、上司筋《すじ》に当たる宮澤喜一《みやざわきいち》先生なんかでもねえ、幸福の科学の立宗《りっしゅう》のときから宗教法人を取られたころには、ちゃんと幸福の科学の会員になっておられましたからね。

斎藤　ええ、「入会されていた」ということですよね、宮澤喜一先生は。

加藤紘一　入会されてましたよ、ちゃんと。入会されてました。

「とうとう、東大法学部が、宗教界まで支配できるようになったか。これはうれしい。この国が非常に安定する」ということで、彼は喜んでおられましたから。「宗教界も、ぜひ入るべきだった。今まで出なかったのがおかしいぐらいで、これが大きくなってくれると日本の国が安定するなあ。幸福の科学が大きくなってくれれば、日本の国が安定する」っていうようなことで、宮澤先生も喜んでおられたし。まあ、もちろん、三塚さん等、その他の方々も、けっこう、「幸福の科学が応援《おうえん》してくれると政権が安定する」ということで。

自民党政権は、だから、九〇年代と、まあ、二〇〇〇年代もそうだと思うけれども、幸福の科学にけっこう応援していただいてたような気持ちは持っていますよ。うん、うん、ほんとに。

斎藤　うーん。

加藤紘一　だから、それは、直接的なバーター（交換《こうかん》）にはならないけど。「これをしたから、これをしてやる」みたいな、今は、そういうのが厳しい時代だからね。そんなのには厳しい時代だし、あなたがた、「頼《たの》みに来ない」からね。

斎藤　えっ？　頼みに来ない？

加藤紘一　ええ。全然、頼みに来ないから、おたくは。

斎藤　はあ。

加藤紘一　今日は広報の方《かた》、いないみたいですけど、普通《ふつう》の宗教っていうのは、いっぱい頼みに来るんですよ。例えば、「幸福の科学三十周年記念です」とか、「二十五周年記念です」と。「加藤先生、全国大会をやりますので、一言《ひとこと》、ご挨拶《あいさつ》ください。五分間お願いします」みたいな感じで、よそはちゃんと来ますよ。

おたくは、全然、そんなの、頼みにも来ないし。「ここのところに、こういう障害があるので、これを解決してください」みたいなことも何も言ってこないので。だから、われわれとしても、別に頼まれもしないし、こっちから積極的に〝これ〟をするっていうこともないし、ということで。

でも、「緩《ゆる》やかな外護《げご》」というか、幸福の科学がこの国で大きな勢力になっていくのを外護しようという、緩やかな〝あれ〟は働いてますよ。

今、ちょっと、まあ、私はもう死んだ人間だから、言ってもしょうがないけれども、多少、幸福実現党の、何か選挙違反《いはん》みたいなの、ちょっとやられてるとか言ってるけども、いや、七年間、ほとんど無傷《むきず》で来てるわけですから。こんなんでも、そうとう護られてるわけで。

だから、政治家のほうはそういう感情を持ってるから、警察なんかも、そんなに積極的にはあなたがたを「悪」のほうに追いやるようにはしなかったし、裁判所とか検察とかも同じような考え方を持ってたんで。「体制を支える宗教だ」というふうには思ってたので。まあ、そういう理解は、暗黙《あんもく》のうちにはあったんですが。最近、ちょっと（言論の）〝切れ味〟が鋭《するど》くなりすぎてきた感じが、若干《じゃっかん》あるのと（笑）、政党（幸福実現党）を独自につくられたので、これどうするか、今、迷ってるんじゃないですか。

綾織　なるほど。そうですね。

加藤紘一　ちょっと、政党をつくられたんで、迷ってる。自民党の右派であってもいいような考え方を持っておられるんだけど。別政党としてつくられた場合、「政党の存続としては、これはいいのかどうか」というところの問題は、今は「答えがない」ので、自民党のほうも困っているんじゃないですかね。

でも、（自民党のほうも）思想的には、ある程度、感銘《かんめい》していたり、共感していたりする人は多いんじゃないですかねえ。ええ。

9　現代ならば、仏陀《ぶっだ》はいかなる外交思想を説くのか

「戦いが下手《へた》」という自己分析《ぶんせき》は、仏教的〝滅《ほろ》びの美学〟の影響《えいきょう》か

斎藤　先ほど、自己分析《ぶんせき》の話になったときに、「私は戦うのが下手《へた》である」ということをおっしゃっていました。また、「考え方」のなかで「緻密《ちみつ》さ」とか、「重さ」とかいう話も出てきました。

こうしたご発言の背景には、仏陀《ぶっだ》の教えに基《もと》づいて考えておられる点があるのかと思うんです。「責任ある立場の人」「本当のエリート」というのは、困っている人、困窮《こんきゅう》している人を助けるために尽《つ》くすということで、北朝鮮《きたちょうせん》への米の支援《しえん》等もされたのではないかと。

加藤紘一　うん。

斎藤　また、仏教では「平和」が大事なので、「断人命《だんにんみょう》」、つまり、人を殺すようなことはしない（不殺生《ふせっしょう》）ということで、「不戦」あるいは「非戦」、すなわち、戦わないということになり、それが、「ただ忍辱《にんにく》の心で受け止めよ」といった感じになっていることは、お話ししていて、何となく分かりました。

今世《こんぜ》、仏陀の二千六百年前の教えを自分の柱にしながら政治家をされていたようですが、先ほど綾織編集長が新しい考え方をする上でのキーワードとして「イノベーション」という言葉を出していましたように、「考え方の切り替《か》え」というのはできないんですか。やはり、〝昔のまま〟を受け止めてしまうんですか。

加藤紘一　いやあ、いやあ……、それは、仏教は〝滅《ほろ》びの美学〟ですからねえ。基本的に、やっぱり（笑）。

●忍辱　悔しい思いを心にとどめずに流していくという、宗教的忍耐のこと。単に我慢をするのではなく、心のなかに毒素を溜めずに受け流していくような耐え方をいう。

斎藤　必ずしも、そういうことではないと思いますけれども。

加藤紘一　いやあ、結局、「桜の花が散るように美しく散っていきますよ」っていうのが仏教ですから。しょせん、「この世は仮《かり》の世で、あの世が実《じつ》の世」だからね。この世は、やっぱり、美しく散ることを考えるところであるので。そんな、この世で権力を伸《の》ばすというふうなのは、ちょっと難しい思想ではありましたね。

でも、「平等性の強い民主主義的な考えだった」とは思うし、「平和を重んじた」し、「よく議論して成り立っている国に対しては、戦争してはならない」っていうようなことを、マガダ国王に仏陀も言ってましたからねえ。

われわれにも和解勧告《かんこく》は何度もされてますから。「親戚《しんせき》同士であまり戦ってはいけない」というようなことを、ずいぶん言われた。

ヴィドゥーダバに対しても、「恨《うら》みによって、恨みは止《や》まない。あなたは卑賤《ひせん》の者を母として生まれたかもしれない。それは、釈迦国《しゃかこく》が悪《わる》さをしたといえば、そのとおりで、釈迦国の本当のお姫様《ひめさま》をやりたくなかったから、そうしたのだろうけれども、恨みを捨てよ」ということを言っていた。

それでも、若いころ、留学中に釈迦国で侮辱《ぶじょく》されたことは、今で言えば、黒人とのハーフだみたいな言い方でしょうかね。まあ、オバマさんが凶暴《きょうぼう》化したようなケースですね。「黒人であるのをいじめられたので、大統領になったら、ちょっと白人をやっつけてやろうか」という感じのものかもしれませんけども。

お釈迦様も三回止《と》めたんだけど、最後は、「これは、もう、因果《いんが》の理法《りほう》から逃《のが》れられないかもしれない。釈迦国滅亡《めつぼう》はしかたがないか。そういう種《たね》をまいたのは自分たちのほうで、策略によって相手を辱《はずかし》めた罪が残っているので、これはしかたがない」という……。まあ、悲惨《ひさん》な最期《さいご》になったですけれども。

そういう意味で、政治的に勝ち続けるような〝あれ〟をね、そんなにはおっしゃらなくて、むしろ、〝捨てて〟いった方だから。

「大川さんはリスクを冒《おか》して諫言《かんげん》している」

加藤紘一　私なんかも、大川さんは、この世的に成功されたり、高額納税者にもなられたりしたこともあったけれども、「教団を大きくしたら、最終的には、やっぱり、世直し、人を救う方向に動いていくんだろうなあ」と思ってたから。

そういう意味では、（仏陀の）根本的な思想からそんなに大きく違《ちが》ってるとは思ってなかったので。

自分たちが出来上がっていく過程は、やっぱり、「自分たちのものをつくる」のが重要ですけど、一定以上の大きさになって、使命を感じれば、それはマザー・テレサじゃありませんけれども、みんな、そういう「困ってる人たちを助ける方向に動いていく」のは、宗教としては当たり前のことなんで、たぶん、そういうふうになられるだろうなあと思っています。

今の政治的動きは、ちょっと、私には分かりかねるところもあるけれども、確かに、最近の北朝鮮の、ミサイルの連発発射や核《かく》実験の強行を繰《く》り返してるのは、まあ、どう見ても、直感的には、北朝鮮が天下を平定《へいてい》するとは思えないので、これは、大国によって、連合軍、多国籍《たこくせき》軍で攻《せ》められる可能性が極《きわ》めて高まってますよねえ。だから、そういうふうに、私には見えることは見える。

綾織　はい。

加藤紘一　中国だって、最後は自分の「国の利益」、「欧米《おうべい》とも交《まじ》われる利益」を考えたら、北朝鮮ぐらい最後は見捨てるんで。やっぱり、見捨てるだろうと思うんですよ。見捨てないと、大国として生き残れないですからね。

欧米と対等に付き合える関係のほうを取ると見たので。

ということであれば、（大川隆法は）北朝鮮強硬論《きょうこうろん》を説いてはおられるけども、ある意味では、「北朝鮮を諫《いさ》めてるのかなあ」と。「諫言《かんげん》してるのかなあ」というふうには取れます。

綾織　ああ、なるほど。

加藤紘一　まあ、そういうふうに解釈《かいしゃく》すると、「北朝鮮が平和裡《り》に生き延びるためには、武力強硬派の路線はやめよ」とおっしゃっている。制止されてるんだと思うし、中国に関しても、「旧日本軍のまねみたいに、領土を増やしていこうというのは、時代的に古いから、もうちょっと外交的に仲良くするように努力しなさい」と、強く勧告してるようにも見えなくはない。国連以上の強さで意見を言ってるように見えなくはないので。

だから、必ずしも、大川さんの考えが「タカ派」というふうに取るのは間違いないのではないかと思う。そういう「強い戦争」っていうか、民族や国土、全部がなくなるような強い戦争が起きないように、鋭《するど》く諫言してるんだと。

要するに、自分たちのリスクを冒《おか》して諫言してるということで。「そういうことをはっきり言ってから、相手と交渉《こうしょう》しなければいけないのであって、それを言わずに、何もないような顔をしながら、実は、軍備拡張をして、いきなり不意打ちするようなものは、あまりよろしくない」ということを言ってるんじゃないかなと。

綾織　はい。

「大川さんは、戦乱を未然《みぜん》に全部、防ごうとされている」

加藤紘一　「そういうことだったら、日本もちゃんと、軍事拡張して、国を護《まも》らなきゃいけなくなりますよ」ということを、日本に対しても言って、向こうにも、「諸外国にも囲まれるようになるけど、それでもまだやるんですか？」と言ってるように見えるので。

今は、「タカ派」のようにも見えるかもしれないけど、「究極においては、そうではない」のではないかと。戦乱を未然に全部、防ごうとされてるんじゃないかなというふうに見える。
　だけど、これでも行きすぎたら、「仏の顔も三度まで」と一緒《いっしょ》で、たぶん、どっかで大川さんも見限られるところはあって、「北朝鮮も命脈《めいみゃく》は尽《つ》きたかな」と思ったら、もう何も言わなくなるだろうと思うんですよね。

綾織　なるほど。

加藤紘一　韓国《かんこく》や、日本や、あるいはアメリカが、もし、「北朝鮮を解体してしまえ」というふうにやったとしても、命脈が尽きたと見たら、「もう、勧告は十分にしましたよ。ずっと十年、二十年と、ずいぶん言い続けてきたので、聞かなかったのには、あなたがたの責任がありますよ」と。そういうのをはっきりさせるのが、

宗教と政治の両面からユートピア建設を進めている大川隆法の守護霊として、釈尊が語った。『大川隆法の守護霊霊言』（幸福の科学出版刊）

この立場なんじゃないですかね。

斎藤　はあ。

加藤紘一　それを、今の日本の政治のほうは、そういうところをカムフラージュして、本心のほうは明かさないようにしてやるやり方をするでしょう？　だから、こういうのに対しては、「不誠実だ」と言ってるんでしょう？

だから、私は必ずしも、「超《ちょう》タカ派」だとだけは思わない。むしろ、皆殺《みなごろ》しになるような事態は避《さ》けようとされてるんじゃないかなあと思います。

向こうが、そういう先軍《せんぐん》政治で、軍事をダーッと押《お》してきてるけど、やっぱり、「自分たちの力をもうちょっとよく知ったほうがいいよ」ということで、「日本だって、核武装もできるんだよ」っていうようなことを言うことで、実は、「牽制《けんせい》されているんじゃないかな」というふうに、私は取っているので。

綾織　はい。

加藤紘一　できますよね。やろうと思えばね。

日本だって、本当に、「核攻撃《こうげき》されたら滅びる」っていうんだったら、それは、それは、もう、与党《よとう》も野党もないでしょう？　本当にそうなるんだったら、それは、それはね、ない。共産党だって、もう、それはねえ、核武装を主張しますよ。だって、共産党の国は、ちゃんと核武装してますからね（笑）。

綾織　そうですね（笑）。

加藤紘一　（滅びることは）できない。それはしますよ、「本当に滅びる」っていう

抑止力としての「核装備」などを提言。
『世界を導く日本の正義』
（幸福の科学出版刊）

んだったら、日本もイスラエル化しますよ。ああ、絶対に。最後はたぶん、日本もイスラエルみたいに核兵器を持って、ミサイルでハリネズミみたいになるでしょう。だけど、そこまでする前にやめさせようとしてるんだと思います。中国に対しても、強くメッセージを送ってると思いますよ。それは、あっちも、メッセージは聞いています。

だから、思想的に、（中国には）けっこう入ってると思いますよ。台湾《たいわん》、香港《ホンコン》から、上海《シャンハイ》等を通じて。北京《ペキン》のほうは強く制圧しようとしてるけれども、民衆のほうには幸福の科学の思想を入れてるんでしょう？　「入ってる」と思うし、インドのほうも目覚めさせようとしてるし、安倍《あべ》さんが、今、「中国包囲網《もう》」をつくるために外交で動いてるけど、これも全部、大川さんの構想のなかで動いてることですよね。

斎藤　うーん。

加藤紘一　だから、安倍さん、そこまで理解してるかどうかは知らないけれども、「実質上、戦わずして終わらせようとしてるんだ」と、私は理解しています。

綾織　はい。

10　宗教と政治の関係についてアドバイスする

加藤氏の考える「宗教の役割」とは？

斎藤　時間もなくなってきましたが、「宗教と政治」というテーマで新しい時代を開くとすれば、どのような道に進むべきでしょうか。あの世に還《かえ》られてからの反省も踏《ふ》まえ、何かアドバイスを頂けることがあれば、その方向性についてお教えいただきたいと思います。

加藤紘一　いや、まあ、難しいことは、私には分かりません。だけど、宗教の機能としては、一つには「政治的安定」をもたらす場合がありますね。これは、江戸《えど》時代なんかもそうですね。仏教とか儒教《じゅきょう》とかが、体制の安定をもたらしましたね。そういう意味で、「体制の安定をもたらして、平和をつくり出す。維持《いじ》する」っていう意味での宗教の力があります。

もう一つは、宗教が「革命勢力」になる場合ですね。民衆が非常に弾圧《だんあつ》されたりして、恐怖《きょうふ》政権が成り立っているとき、民衆が非常に苦しんでいるようなときに立ち上がるっていうのが、やっぱり、宗教の使命の一つですよね。

だから、政治的勢力と一体になって、その悪い〝凶悪《きょうあく》政権〟っていうか、民衆を苦しめてる政権を倒《たお》しにかかるのも、まあ、宗教の仕事だ。

そういうふうに、私は理解しています。

もちろん、それ以外の邪教《じゃきょう》的な動きもあるから、全部一緒《いっしょ》にはできないですけど、その二つは大きいと思うんで。

幸福の科学も、そういうふうな両面を持ってると思うんですよ。うまくいってるんだったら、「安定勢力として、国を平和に豊かにして支えようとする力」を持ってるし、もし、国民のほうが被害《ひがい》を被《こうむ》るっていうか、暴政で苦しむようなことがあれば、「いつでも矢面《やおもて》に立って民衆のために戦うっていう面」も持っておられるんじゃないかなと思う。

そういう意味で、今、現時点では、どちらも取りうる姿勢を取っておられるようには見えるんですけどね。まあ、そういうことなんじゃないですかね。

過去世《かこぜ》が「江戸《えど》時代の儒学者《じゅがくしゃ》・新井白石《あらいはくせき》」というのは本当か

立木　先ほど、チラッと江戸《えど》時代のお話がありましたけども……。

加藤紘一　ああ、はい、はい、はい。

立木　加藤先生は、過去世《かこぜ》においては新井白石《あらいはくせき》だったというリーディングもありますが、これに関して、何かコメントはおありになりますでしょうか。

加藤紘一　ええ。田原総一朗《たはらそういちろう》から、「大したことないですね」と言われました。

立木　ああ、そうですか。

加藤紘一　はい。はい。エッヘッヘッ（笑）。

立木　それは「事実だった」ということで、よろしいですね。

加藤紘一　「大したことはないですね」と、まあ、ただの学者、〝学者役人〟っていうところでしょうかね。

立木　ただ、新井白石は新しく閑院宮家《かんいんのみやけ》を創設し、皇室が安定するような手を打た

新井白石（1657～1725）
儒者。将軍の補佐として、政治・言語・歴史等、多方面に才能を発揮。日本に密航したイタリア人宣教師・シドッチへの取り調べをもとに、『采覧異言《さいらんいげん》』『西洋紀聞《せいようきぶん》』を著した。

れました。そういう意味で、先ほど、皇室の件もお伺《うかが》いしましたけれども。

加藤紘一　まあ、儒学《じゅがく》系の学者兼《けん》……、まあ、政治も一部はやったと言うべきですかね。今ぐらいの感じかな。大臣ぐらいはやってたんじゃないですかね。

あと、有名なのは、外国の事情をいろいろと聞き出していたっていうことですね。

これについては、やっぱり、今の外交官のもとになるようなものがあったんじゃないですかね。外国の事情を知りたがっていたという……。

あの世での宮澤喜一《みやざわきいち》氏の様子について訊《き》く

斎藤　あの世では、宮澤喜一《みやざわきいち》先生とも仲がいいんですか。

加藤紘一　え？

斎藤　何か宮澤先生と似たような感じもいたしますが……。

加藤紘一　まだ死んで三日だから、それは、そう言われても、あなた（笑）。うーん、それは……。

斎藤　はい（笑）。

綾織　そちらの世界で、どなたかとお話をされましたか。

加藤紘一　死んで三日で、「仲いいですか」と言われても……。

斎藤　東大法学部のほうも一緒ですし、英語もお互《たが》いに堪能《たんのう》ですが……。

綾織　宮澤先生は、迎《むか》えにこられたりしていますか。

立木　宮澤先生の過去世……。

加藤紘一　え？

立木　宮澤先生は、「仏陀《ぶっだ》の時代に出られていた」ということはないでしょうか。

加藤紘一　みや……、みやざわ……。

斎藤　転生《てんしょう》で、仏陀の時代に、宮澤先生はお生まれになられて……。

加藤紘一　ちょっと待ってよ、ちょっとねえ、まあ。

立木　かなりお仲間が出られているのではないかという……。

加藤紘一　たくさんの方と、まあ、いろいろ今、お会いしてるので。この世もあの世も、両方、お会いしてるので、ちょっと、そんなに詳《くわ》しくは、よくは分からないんですけども。うーん……。

宮澤先生……。宮澤先生のところは、ちょっと、うーん……、どういう方なんですかね。まあ、かなり頭のいい方ですから、名前も遺《のこ》ってるような方だろうとは思いますが、たぶん、〝学者政治家〟みたいなので遺っておられる方なんじゃないかと。でも、私とは時代が少しズレて……。

あ、一つは、そう、一つは言ってましたね。ああ、うん。あれでしょう？　大宰《だざい》府《ふ》でしょう？

斎藤　大宰府？

加藤紘一　学問の神様（菅原道真《すがわらのみちざね》）ね。太宰府天満《てんまん》宮《ぐう》でしょう？（注。過去の霊査《れいさ》で、宮澤喜一元首相の過去世は菅原道真と推定されている。前掲《ぜんけい》『宮澤喜一元総理の霊言《れいげん》』参照）

うーん、うん。それは、そうなんじゃないんですか。うん、そのとおりだと思います。

でも、〝崇《たた》り神〟になってるのはね、ちょっとね、あれね、少し問題がある。

綾織　まあ、確かにそうですが。

太宰府天満宮（福岡県太宰府市）。

日本が長期不況を招いてしまった原因を探る。
『宮澤喜一 元総理の霊言』
（幸福実現党刊）

自分の「偲《しの》ぶ会」には霊《れい》として顔を出すつもり

斎藤　でも、あれですか？　暖かい世界ですよね？　非常に穏《おだ》やかな感じなので、天上界《てんじょうかい》ですか。

加藤紘一　あの人が地獄《じごく》に堕《お》ちてるかどうか、私に言わせようとしてるってことですか？

斎藤　ええ。それもありますし、いや、別に言わせ……。

綾織　実際、どうなんでしょう。宮澤先生は……。

加藤紘一　いや、そんな悪い人じゃないですから。無神論者でもないですよ。宗教心も持ってたし。ただ、何と言うか、やや不遇《ふぐう》になった人はね、ちょっと、天変地《てんぺんち》異《い》を起こすこともあるのでね（笑）。まあ、そういう面もお持ちなのかなあとは思いますけども。

綾織　還《かえ》っていらっしゃるんですか。

加藤紘一　うん？

綾織　天国、天上界に……。

加藤紘一　いや、私、まだ三日目だから、そんな……。

綾織　ああ、そのへんは分からないですか。

加藤紘一　そんな難しいことを言われても。

斎藤　今は、目の前に、天上界に案内する「導きの霊《れい》」などは来られているんですか。

加藤紘一　うん、まあ、それはそうだけど、まあ、もうちょっと、こちらにいられることになっている。

斎藤　〝ご挨拶《あいさつ》〟ですか？

加藤紘一　あのねえ、「四十九日《しじゅうくにち》」とは言わないけど、もうちょっと、一カ月ぐらいは（地上に）いてもいいことになってるので。

斎藤　あっ、そうなんですか。

加藤紘一　ええ。

斎藤　死んでから四十九日は、自由に行けるんですか。

加藤紘一　ええ、まあ。

斎藤　そういう、地上に少し残っていられる「権利」があるんですね。

加藤紘一　ええ。そのくらいはですねえ、やっぱり、この世に名残《なごり》を告げる期間というのがあって、あの世に移行していくまでの〝勉強期間〟があるので。まあ、あの世の方が来て話をされることもあるけど、この世の人との別れも……。

斎藤　ああ、「別れ」という点ですね。

加藤紘一　「別れ」があるので、いろんな関係者のところへ挨拶回りを……。

斎藤　挨拶回りをされている。

加藤紘一　みんなが「偲《しの》ぶ会」とか、「葬式《そうしき》」とか、いろいろやってくれるので、そういうときにも、やっぱり、いなきゃいけませんので、まあ。

斎藤　では、「偲ぶ会」のようなところには、地上の人からは見えないですけれども、霊として、実際にその場におられるわけですか。

加藤紘一　うん。それは、なんかやってるときには行かなきゃいけないですから。「人の噂《うわさ》も七十五日」だから、七十五日ぐらいいる人もいるのかもしらんけれども、不成仏《ふじょうぶつ》でないかぎりは、まあ、一カ月か二カ月すれば、だいたいは去るんだろうと思うんですけど。

「遅《おそ》すぎた総理大臣」宮澤喜一《みやざわきいち》氏への業績評価は？

加藤紘一　私に「思い残し」があるとすれば、「総理になり損《そこ》ねた」っていうあたりぐらいで。

まあ、宮澤《みやざわ》先生は、いちおう総理になれたけど、そのあと、日本の経済が傾《かたむ》いたところが、やっぱり、心残りなんじゃないですかねえ。

綾織　宮澤先生は天上界に還られていますか。

加藤紘一　いやあ……。

綾織　微妙《びみょう》なところですか。

加藤紘一　いやあ、それは、うーん、まあ、いや（笑）、「リバティ」的に判定されると、どういうふうになる……。

綾織　「ザ・リバティ」が判定するわけではないので（笑）。

斎藤　まあ、そうですね。あまり長くなってもあれですし（笑）。

加藤紘一　（「ザ・リバティ」が霊的な判定の）〝格付け機関〟だか、ちょっと分からないですけど、彼自身は「善人」だと思いますけどね。

綾織　はい、はい。

加藤紘一　ただ、彼が総理をしたあとの日本は、そんなによくない状態がずっと続いているので。

斎藤　結果責任ですね。

加藤紘一　まあ、そのへんの先見性が足りなかったかどうかっていうところを責められて、「遅《おそ》すぎた総理大臣」とも言われているので、もうちょっと早くなるべきだったという。

綾織　なるほど。うーん。

政治家の仕事に対する判定には難しいものがある

斎藤　「死後、天国か地獄に行くか」を決めるということでは、やはり、政治家には、「心境」と「結果責任」の両方を合わせた判定があるという感じですか。

加藤紘一　うん。まあ、少なくとも、宮澤先生とか私とかは、人は殺しませんよ。

斎藤　（苦笑）そうですね。

加藤紘一　だけど、チャーチルとかは、人をいっぱい殺してますよ。それでも天国へ還ってるんでしょう？

だから、シチュエーション（状況《じょうきょう》）に応じての判定はあるわけで、戦争のときには、政治家は〝人殺し〟をしますよ。

斎藤　はい。

加藤紘一　だけど、それは、「正義の戦争かどうか」、「防衛のための戦争であるかどうか」、「世界正義に適《かな》っているかどうか」という判定があるんでしょう？

「悪の側の戦いか、正義の側の戦いか」というのは、これは微妙ですよ。とても微妙で、ボーダーラインがね、はっきりしないところがあるんですけどね。

私は、平和な時代の政治家ですから、そんな大きな悪は犯《おか》していないですけど、その後の種まきとして十分だったかどうかとか、国を弱めたか強くしたかというようなことについての責任はあるけども。

私だって、それは、その、何て言うか、コーサラ国滅亡《めつぼう》の、最期《さいご》になってるしねえ。

マガダ国は、ビンビサーラ王で滅亡したわけじゃなくて、阿闍世王《あじゃせおう》のときに大国にはなったんで、強国になりましたから、まあ、そうではないんだけども。
私なんかは（自国は）「滅亡」だし、「釈迦国《しゃかこく》が滅《ほろ》びるもと」にもなっているので、まあ、護《まも》り切れなかった面はある。

綾織　なるほど。

加藤紘一　ただ、宗教的には、そういうふうに護り切れなくて潰《つぶ》れたものでも、敬《うやま》われている人は、過去、いっぱいいますからね。まあ、それだけで決まるものではないだろうとは思っております。

綾織　ありがとうございます。

政権中枢部《ちゅうすうぶ》の幸福の科学に対する認識は「緩《ゆる》やかな外護《げご》」だった

斎藤　話は尽《つ》きないのですが、だんだんお時間がやってまいりました。

加藤紘一　ああ、そうですか。ちょっと、明確なかたちでね、あなたがたを支援《しえん》したり外護《げご》したりできなかったところについては申し訳ないなあと思っています。

でも、九五年ですね、オウム事件で日本中が宗教に対して逆風になったとき、あなたがたもちょっと逆風で苦しんだとは思われますけれども、「オウムとは違《ちが》う」ということで、あなたがたがそういう逆風下で潰されないように、緩《ゆる》やかには外護していたつもりでいるんですよ、政権の中枢《ちゅうすう》にいる者として。「そういう判断は相成《あいな》らん」というかたちを、私たちは持っていたので、そのへんは信じていただきたいなあと思うし、歴代の総理や、政権の中枢部にいた者たちは、やっぱり、そう思っている。

綾織　はい。

歴代政権で大川隆法の教えを最も政策に反映している安倍《あべ》氏

加藤紘一　今の安倍《あべ》政権については、心配事《しんぱいごと》は尽きないだろうとは思いますが、基本的には、いちおう、大川先生のつくられた作戦に基《もと》づいて、安倍さんは行動してるとは思うんだけれども、深いところまで理解がいってるかどうかについては分からない部分があるので、やっぱり、危ないときには折々に意見を言ってほしいだろうと思うんですね。

だから、今の自民党の執行部《しっこうぶ》のほうは、目先の選挙とか、そういうことも気になって、いろいろゴソゴソと動くだろうとは思いますが、政治団体としての幸福実現党が意見を提言してくれている分には、まあ、聞く耳はあるんじゃないかとは思うんです。

ただ、選挙で、〝自分たちを落とす〟ほうに力を入れ始めたら、「ちょっとそれはどうしたものか」という……。

「野党のほうを落としてほしい」というような感じは、まあ、はっきり言って、利害関係上はあるのかなあというふうに思ってるので、「改憲」の力を持とうとしてるときに、幸福の科学に極端《きょくたん》な動きをされると困るのかなあと。

だから、安倍政権批判もなされているようだけど、〝諫《いさ》める〟ぐらいはよろしいけれども、〝潰すところ〟までやられると、向こうのほうも、政権として〝牙《きば》を剝《む》いて〟くることはあるだろうなと思います。

ただ、ある意味で、大川先生から出ている考え方を最も政策に反映したのは安倍さんですよ。今までの歴代を見てね。

三塚《みつづか》さんも反映しようとはしてたけど、総理まで行かなかったですからね。だから、安倍さんが最もよく研究して、分析《ぶんせき》して、使ってますわね、少なくともね。これは、安倍さんであることは間違いないので。神経を逆撫《さかな》でして、あんまり嫌《きら》われるようにまではしないほうが……。「リバティ」の〝切れ味〟がそっちまで行きすぎないところで止《と》めないと。やっぱり、上手に政治家も使わないといけないところはあるんじゃないですかねえ。

綾織　そのあたりは、貴重なアドバイスとして受け止めたいと思います。

次回の大学審査《しんさ》に対する見通しは？

加藤紘一　（幸福の科学）大学のところでちょっと引っ掛《か》かったので、かなり腹が立っていらっしゃるんだろうと思いますけれども、まあ、いろんな判断があるんでねえ。

役所もあるし、確かに、あなたがたが心配してるとおりの唯物論《ゆいぶつろん》科学が支配してきているところがある。文部科学省にも「（科学）技術庁」が入ってきてしまって、科学が宗教のほうまで規制するような感じになってきてるので。

●幸福の科学大学の不認可　2014年、文部科学省大学設置・学校法人審議会は「幸福の科学大学の背景に霊言が存在していること」等を理由に同大学を不認可とした。しかし、日本発の本格私学、ハッピー・サイエンス・ユニバーシティ（HSU）として2015年春に開学した。

まあ、あなたがただけに大学を認可したりするのが、特権を与《あた》えるように見えたところがあるんだろうと思う。憲法上もね、特定の宗教に権力を与えちゃいけないみたいなところがあるのでね。そういうところで、微妙な距離《きより》感があったのかなあとは思いますけどね。

まあ、次は、二回目は通りますよ。大丈夫《だいじょうぶ》ですから。一回ぐらい、ちょっと、そういうふうにしとかないと、公明党とかも……。まあ、ほかの変な宗教もいっぱいあるので、そういうところがみんな次々と応募《おうぼ》してくると、そのときに断れないですので。

「幸福の科学だって断られたことがあるんだよ」みたいなのが、やっぱり、これが、ちょっと〝防波堤《ぼうはてい》〟になるので、たぶんそのへんを微妙に調整した人がいるんだろうとは思うけど、まあ、次は通りますよ。

綾織　そうであればありがたいです。

加藤紘一　ええ。だから、ちょっとそのへん、あんまり急ぎすぎないで……。あなたがたの準備も十分じゃなかったでしょう、正直言って。態勢ができてなかったでしょ？　今、やっと追いついてきてる状況《じょうきょう》ですから。まあ、それは大丈夫なんじゃないですかね。

「幸福の科学はいい宗教だから、大学法人を認めるべき」

加藤紘一　いや、私のほうも、霊言を通じて、これを通して、政治家も読む者もいると思うから、まあ、言っときますよ。

「幸福の科学はいい宗教ですから、やはり、大学法人をちゃんと認めるべきだと思います」ということで。

もしかしたら、（幸福の科学は）「消費税を上げるな」とか言ってた時期があって、みんな上げようとしてた時期に「上げるな」とか言ってたので、「消費税を上げないんだったら税金がなくなるから、大学への交付金もない。そうしたら、あなたの大学ももらえなくなるけれども、それでいいのか」っていうことだったのかもしれないですけどね。あの感じは、そうだったのかなあとも思うところもあるんですけどね。

まあ、次は通りますよ。

綾織　はい、ありがとうございます。

加藤紘一　大丈夫ですよ。

綾織　天上界に還られると思いますけれども、ぜひ、当会を外護してくださる一人としてお願いできればと思います。

加藤紘一　死んでからあとって、まあ、短時間ですけれども、急速にこう、「霊的な目」っていうか、宗教的な視野が開《ひら》けてきたので、「ああ、やっぱり、自分もそういう人間だったんだなあ」ということは、今、よく分かります。

綾織　ああ、なるほど。

加藤紘一　生きていたときに、ちょっと宗教性が落ちてた理由はね、分かるでしょう? 東大の教育がね、駄目《だめ》なんですよね。この世的にすごい精緻《せいち》な、この世的な議論ばっかりして、そういう、「あの世的なもの」がまったくないんですよね、学問的にね。

まあ、「宗教学科」が……、いや、「仏教学科」がほんとにもう下火《したび》で、消えかかってるのと同じようなもんで、勉強するとね、ちょっと「この世的になる」んですよね。「プラグマティズム」的なところかな。ここなんですよね。

　だから、そのへん（あの世的なもの）がちょっと足りなかったんで、この今世《こんぜ》の勉強がね。でも、宗教心がないわけではありません。

綾織　なるほど。最後のほうは、ものすごく伝わってまいりました。

加藤紘一　ええ。だから、この世でし損《そこ》ねたところは、あの世でちょっと協力するつもりだし、うちの鮎子《あゆこ》も、きっと、なんかやってくれると思います。

綾織　ああ、ありがとうございます。

斎藤　ぜひ、また、ご指導よろしくお願いいたします。本日はありがとうございます。

立木　ありがとうございました。

綾織　はい。本日は、〝遺言《ゆいごん》〟ということで、ありがとうございました。

加藤紘一　はい。

11　生前よりも宗教的になっていた加藤紘一氏

大川隆法　（手を一回叩《たた》く）ありがとうございました。
死んでからのほうが宗教的になっていましたね（会場笑）。まあ、当たり前かもしれませんが（笑）。

斎藤　死んで、全然違《ちが》う方のように、急にいい人になって（笑）。

大川隆法　死んだら宗教的になるのかもしれませんね。

綾織　前半と後半で、全然違う感じがありました。

大川隆法　それは、この世でやった学問の性質でしょうね。

ＨＳＵでも、「『立木さんの授業は難しすぎる』と、みんな逃《に》げ回っている」とのことですから。

立木　そのあたりは、変えていこうと思っていますので、大丈夫《だいじょうぶ》でございます。

大川隆法　東大学派は嫌《きら》われることになっているのでしょう。要するに、「精緻《せいち》すぎて、難しいことを言うので、何を言っているか全然分からなくて、宗教的感動が伝わってこない」ということだろうと思います。残念ながら。

立木　そこは、イノベーションしてまいりますので、大丈夫でございます。

大川隆法　そう簡単ではないのではないですか。

立木　いえいえ、大丈夫です。

大川隆法　加藤紘一氏の場合とまったく同じになる可能性があります。気をつけないと、学問的に無宗教になる傾向《けいこう》があるんですよ。よっぽど強い心を持って、ほかの教養を入れないといけません。技術的なことをかなり細《こま》かく言いますからね。

そのため、「文系」なのに「理系」のような細かい頭になっていくんですよ。ここは、少し気をつけないといけないところですね。引っ掛《か》け問題の対策ばかりしているうちに、だいたい、そんな頭に変わってきてしまいます。

立木　気をつけてまいります。

大川隆法　まあ、「政権との距離《きょり》の取り方」など、いろいろアドバイスがありました。また、「幸福の科学の仏教的な正統性」を言ってくださったということ自体は、それを信じる者にとってはありがたいことであったのではないでしょうか。

斎藤　はい。本当にありがたい言葉を頂きました。

大川隆法　（HSUの）渡邉《わたなべ》チェアマンに関しては、「当時、それと似たような外護《げご》する立場があったのだろう」ということで。

綾織　そうですね。

大川隆法　現在、頑張《がんば》っているから、そんなに（過去世《かこぜ》が）幾《いく》つもなくても、まあ、よいでしょう。

斎藤　当会にとって、とても太い柱のような方ですので。

大川隆法　ええ。

（加藤紘一氏は）政界でこのくらいまで行ったのですから、過去世、政治家で、インド十六国のなかの一国の国王であってもおかしくはないでしょう。「日本だったら、大臣か、三役の立場に行くぐらいの人であった」ということだろうと思います。

あの世での今後の活躍《かつやく》を期待したいと思います。

ありがとうございました（手を一回叩く）。

質問者一同　ありがとうございました。

あとがき

死後まもなく、私の元《もと》を訪れて霊言《れいげん》をなされる方《かた》もあれば、それが許《ゆる》されない方もある。目には見えないが、ある一線《いっせん》が明確に引かれているようだ。

本書で加藤紘一氏が語られた「リベラリズム」は、幸福実現党の政治的主張とはかなり異《こと》なっているように見える。私たちは、北朝鮮の核ミサイル開発に二十年以上反対し続けてきたし、習近平《しゅうきんぺい》・中国の覇権主義《はけんしゅぎ》にも、明確に、国際正義に反する危険性を指摘《してき》してきた。そして日本の国に対しては、「対米外交を軸にしつつ、自主防衛ができる国として、インディペンデント（独立的）であること」を強調《きょうちょう》してきた。そのどの主張もが、常識的な流れになりつつあるのが今日《こんにち》である。その先見性《せんけんせい》を自慢《じまん》したいのではない。ただ、「平和の実現」には、「勇気」と「言葉」と「行動」が必要なことを述《の》べたいだけである。本書も、わが国の近未来《きんみらい》を考える上で、貴重な「時代の証言」となるだろう。

二〇一六年　九月二十日

幸福《こうふく》の科学《かがく》グループ創始者兼総裁《そうししゃけんそうさい》
幸福実現党創立者兼総裁《こうふくじつげんとうそうりつしゃけんそうさい》　大川隆法《おおかわりゅうほう》

『元自民党幹事長　加藤紘一の霊言』大川隆法著作関連書籍

『悟りに到る道』（幸福の科学出版刊）
『理想国家日本の条件』（同右）
『ユートピア創造論』（同右）
『幸福の科学興国論』（同右）
『世界を導く日本の正義』（同右）
『大川隆法の守護霊霊言』（同右）
『レプタリアンの逆襲Ⅱ』（同右）
『元相撲協会理事長　横綱北の湖の霊言　ひたすら勝負に勝つ法』（同右）
『元横綱・千代の富士の霊言　強きこと神の如し』（同右）
『今上天皇の「生前退位」報道の真意を探る』（同右）
『「忍耐の時代」の外交戦略　チャーチルの霊言』（同右）

『元大蔵大臣・三塚博「政治家の使命」を語る』（同右）
『自称〝元首〟の本心に迫る――安倍首相の守護霊霊言――』（同右）
『宮澤喜一　元総理の霊言』（幸福実現党刊）
『蓮舫の守護霊霊言』（同右）
『小沢一郎の本心に迫る』（同右）

元自民党幹事長《もとじみんとうかんじちょう》　加藤紘一《かとうこういち》の霊言《れいげん》

――リベラル政治家が考える〝日本の生きる道〟――

2016年9月25日　初版第1刷

著　者　大《おお》　川《かわ》　隆《りゅう》　法《ほう》

発　行　幸福実現党

〒107-0052 東京都港区赤坂2丁目10番8号
TEL(03)6441-0754

発　売　幸福の科学出版株式会社

〒107-0052 東京都港区赤坂2丁目10番14号
TEL(03)5573-7700
http://www.irhpress.co.jp/

印刷・製本　株式会社 堀内印刷所

落丁・乱丁本はおとりかえいたします

ISBN978-4-86395-840-1 C0030
カバー写真：アフロ／共同通信社
本文写真：myself／共同通信社／CNP／時事／Jakub Hałun

大川隆法霊言シリーズ・政治家たちの本心に迫る

橋本龍太郎元総理の霊言
戦後政治の検証と安倍総理への直言

長期不況を招いた90年代の「バブル潰し」と「消費増税」を再検証するとともに、マスコミを利用して国民を欺く安倍政権を"橋龍"が一刀両断！

1,400円

小渕恵三元総理の霊言
非凡なる凡人宰相の視点

増税、辺野古問題、日韓合意──。小渕元総理から見た、安倍総理の本心とは？穏やかな外見と謙虚な言動に隠された"非凡な素顔"が明らかに。【幸福実現党刊】

1,400円

政治家が、いま、考え、なすべきこととは何か。元・総理　竹下登の霊言

消費増税、マイナンバー制、選挙制度、マスコミの現状……。「ウソを言わない政治家」だった竹下登・元総理が、現代政治の問題点を本音で語る。【幸福実現党刊】

1,400円

大川隆法 霊言シリーズ・安倍政権のあり方を問う

自称〝元首〟の本心に迫る

安倍首相の守護霊霊言

幸福実現党潰しは、アベノミクスの失速隠しと、先の参院選や都知事選への恨みか？ 国民が知らない安倍首相の本音を守護霊が包み隠さず語った。

1,400円

二階俊博自民党幹事長の守護霊霊言

〝親中派〟幹事長が誕生した理由

自民党のNo.2は、国の未来よりも安倍政権の「延命」のほうが大事なのか？ ウナギやナマズのようにつかまえどころのない幹事長の本音に迫る。【幸福実現党刊】

1,400円

菅官房長官の守護霊に訊く
幸福実現党“国策捜査”の真相

幸福の科学広報局　編

幸福実現党への国策捜査に踏み切った理由を官房長官の守護霊が激白！ 事実上の捜査の指揮権を官邸が握っていることを認めた衝撃の霊言。

1,400円

※表示価格は本体価格（税別）です。

大川隆法 霊言シリーズ・正しい歴史認識を求めて

「河野談話」「村山談話」を斬る！

日本を転落させた歴史認識

根拠なき歴史認識で、これ以上日本が謝る必要などない!! 守護霊インタビューで明らかになった、驚愕の新証言。「大川談話（私案）」も収録。

1,400円

従軍慰安婦問題と南京大虐殺は本当か？

左翼の源流 vs. E.ケイシー・リーディング

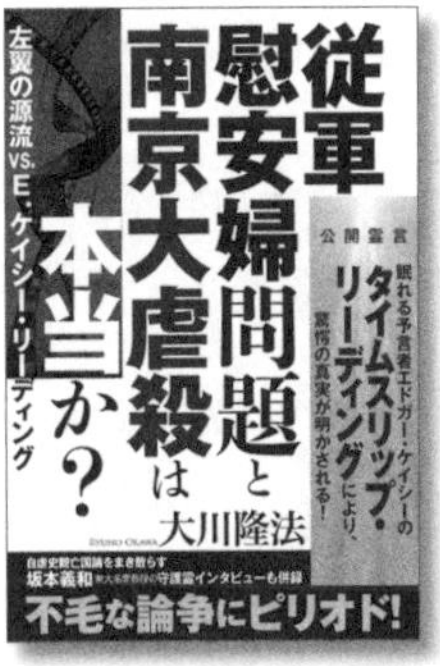

「従軍慰安婦問題」も「南京事件」も中国や韓国の捏造だった！ 日本の自虐史観や反日主義の論拠が崩れる、驚愕の史実が明かされる。

1,400円

公開霊言 東條英機、「大東亜戦争の真実」を語る

戦争責任、靖国参拝、憲法改正……。他国からの不当な内政干渉にモノ言えぬ日本。正しい歴史認識を求めて、東條英機が先の大戦の真相を語る。

【幸福実現党刊】

1,400円

幸福の科学出版

大川隆法「法シリーズ」・**最新刊**

正義の法

法シリーズ
第22作

憎しみを超えて、愛を取れ

テロ事件、中東紛争、中国の軍拡――。
どうすれば世界から争いがなくなるのか。
あらゆる価値観の対立を超える
「正義」とは何か。
著者二千書目となる「法シリーズ」最新刊！

2,000円

第１章　神は沈黙していない――「学問的正義」を超える「真理」とは何か
第２章　宗教と唯物論の相克――人間の魂を設計したのは誰なのか
第３章　正しさからの発展――「正義」の観点から見た「政治と経済」
第４章　正義の原理――「個人における正義」と「国家間における正義」の考え方
第５章　人類史の大転換――日本が世界のリーダーとなるために必要なこと
第６章　神の正義の樹立――今、世界に必要とされる「至高神」の教え

※表示価格は本体価格（税別）です。

大川隆法ベストセラーズ・地球レベルでの正しさを求めて

未来へのイノベーション

新しい日本を創る幸福実現革命

経済の低迷、国防危機、反核平和運動……。「マスコミ全体主義」によって漂流する日本に、正しい価値観の樹立による「幸福への選択」を提言。

1,500円

正義と繁栄

幸福実現革命を起こす時

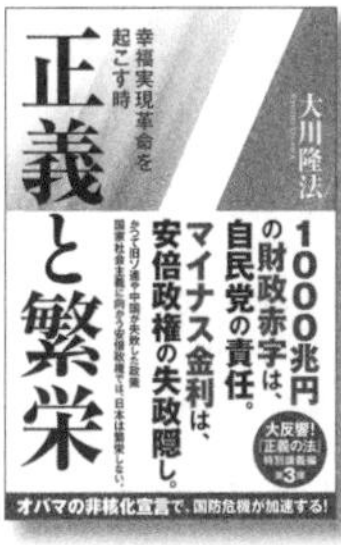

「マイナス金利」や「消費増税の先送り」は、安倍政権の失政隠しだった!? 国家社会主義に向かう日本に警鐘を鳴らし、真の繁栄を実現する一書。

1,500円

世界を導く日本の正義

20年以上前から北朝鮮の危険性を指摘してきた著者が、抑止力としての日本の「核装備」を提言。日本が取るべき国防・経済の国家戦略を明示した一冊。

1,500円

現代の正義論

憲法、国防、税金、そして沖縄。
──『正義の法』特別講義編

国際政治と経済に今必要な「正義」とは──。北朝鮮の水爆実験、イスラムテロ、沖縄問題、マイナス金利など、時事問題に真正面から答えた一冊。

1,500円